世界のビジネスエリートは知っている

教養としてのコーヒー

井崎英典

はじめに できる人はなぜコーヒーなのか

コーヒーはなぜ世界中の人たちに愛されているのか

コーヒーの貿易取引総額は、石油に次いでなんと2番目。世界中で一日に飲まれているコーヒーは20億杯とも言われています。それほどまでに世界中で愛されているコーヒーは、なぜここまでの市民権を得たのでしょうか。

宗教的な結びつきからイエメンを中心に広がりを見せたコーヒーですが、15世紀末頃には一般大衆にもコーヒーの飲用習慣が根付いたことで、ヨーロッパそしてアメリカやアジアへと急速にコーヒーが普及していきました。

実はコーヒーは、伝播《でんぱ》した先々で弾圧の憂き目に遭っています。その理由はさまざまですが、コーヒーがコミュニティ作りに寄与し、思考を深め、議論を活発化させることにより、大衆が力を持つことを体制側が恐れた結果なのではないかと考えられます。その点コーヒーは、このうえなく民主的な飲み物であることに疑いはないでしょう。

この考察を裏付けるかのように、17世紀のヨーロッパではコーヒーハウスが大流行しました。コーヒーハウスは、コーヒーを飲みながら、身分や職業に関係なく、さまざまな議論に参加できる場として多くの人に愛されていました。とくにコーヒーハウスが爆発的に流行した当時のイギリスは、ピューリタン革命を経て、封建的な身分制度にしばられるのではなく、自分たちの力で市民社会を実現しようともがいていた時期でした。

また、保険の仕組みがコーヒーハウスで生まれたのは有名な話ですが、政治、経済、文学などあらゆる分野にコーヒーは影響を与えました。

このあたりの歴史については本書でも詳しく解説します。

日本は世界で4番目の消費量を誇る、世界トップクラスのコーヒー大国です。インスタントコーヒー、缶コーヒーやドリップバッグなど、日本独自の技術と開発力をもって世界のコーヒーマーケットに長きにわたり影響を与えてきました。世界的に人気のあるコーヒーブランドも、実は日本が独自に育んできた喫茶店文化から影響を受けています。

また世界のコーヒーマーケットにおいて、もっとも急速に成長を遂げている中国は、ここ10年で人口あたりの消費量が10倍以上に増えています。世界のコーヒー消費量の平均増加率が2％程度なのに対し、中国では年15％以上増加しています。中国のコーヒーマーケットの市場規模は、2025年に1兆元を超えると予想されているそうです。

さらに、コロナ禍の影響を受けながらも、上海はコーヒーショップの数が8000店を超えたとされ、世界最大の店舗数を誇る都市になっています。私が創業時からコンサルティングしている「ラッキンコーヒー」も、2022年12月時点で店舗数が8000を超え、中国最大のコーヒーチェーンになりました。

それでは、日本はどうでしょうか。何かと暗いニュースが多い日本ですが、世界に誇る精神世界に「禅」があると私は考えます。禅はスティーブ・ジョブズに代表される起業家に広く支持されてきましたが、それは禅とインターネットの目的がともに「精神の解放」にあるからだと思っています。だからこそ禅は時と国境を超えて支持され、またインターネットは現代のインフラになったのだと考えます。

そして何より、コーヒーが弾圧の憂き目に遭いながらも世界中で長きにわたり愛されてきた理由は、コーヒーが果たす役割もまさに「精神の解放」にあるからだと私は思っています。コーヒーが人々の生活に欠かせないものとなっている理由、それは「よりよく生きたい」と願う人間の根源的な欲求に作用しているからではないでしょうか。

コーヒーが人生を変える

私にとって、コーヒーは「人生を変える」存在です。

誰もが知っているグローバルブランドのCEOや、アーティスト、セレブ、王族など、その多様性を物語るかのように、コーヒーは本当に多くの人との出会いをもたらしてくれました。

その中でも、老舗アパレルブランド「モンクレール」の70周年記念のスペシャルディナーを担当するなど、世界中のＶＩＰから引っ張りだこのシェフ、ＷＡＧＹＵＭＡＦＩＡの浜田寿人《ひさと》さんは、コロナ禍がもたらしてくれた最高の出会いでした。

浜田さんは、最新の焙煎《ばいせん》機、最新のグラインダーを躊躇《ちゅうちょ》なく購入し、水にまでこだわり抜いて、コーヒー専用ステーションを作るために自宅を改装するほどの筋金入りのコーヒー好きです。

驚くべきは、コーヒーに限らず興味を持ったさまざまな分野に圧倒的に投資して、圧倒的なスピードで学び、圧倒的に成長する姿勢です。そばで見ていて、これが一流の学び方だと痛感しました。一流になるためには一流に触れる、それを最短でストレートにやってしまう人が爆速で伸びるのだと思いました。

その姿勢は、世界でもっとも著名な日本人シェフとして知られる「NARISAWA」の成澤由浩《よしひろ》シェフも同じです。成澤シェフは、自身の料理の余韻に合うコーヒーをブラジルから空輸し、そのコーヒーを自社で焙煎までして、最先端の機器で抽出し、お客様に提供しています。ここまで真剣にコーヒーに取り組んでいるシェフには、成澤さん以外に出会ったことはありません。

「たかがコーヒー」に、なぜそこまでこだわる必要があるのか。その答えは至極シンプルで、「誰も気にとめないディテールにどれだけ気を配ることができるか」次第で仕事の質が変わるからだと思います。たかがコーヒーにどれだけこだわることができるか、が本当の一流であり、そこにこだわれる人はほかのディテールにも目配りできる人なのだと思います。

私は、コーヒーコンサルタントとして、年間200日以上を海外で過ごしながら、商品開発からマーケティングまで一気通貫したコンサルティングをグローバルブランドを中心に提供してきました。スペシャルティコーヒーの最前線で得た最先端のノウハウを、コマーシャルマーケットに最適化することが私の専門分野です。車で例えるなら、F1の知識や技術を大衆車に取り入れる専門職に近いと思います。

主な仕事は、日本マクドナルドの「プレミアムローストアイスコーヒー」「プレミアムコーヒー」「新生ラテ」のリニューアルの全面担当、先ほども挙げた中国最大のコーヒーチェーン「ラッキンコーヒー」全商品の品質管理、製品開発があります。またアジア発の植物性代替乳のスタートアップであるオーツサイドや、ＬＩＦＵＬＬやカルビーといったコーヒーにとどまらない企業への協力活動をしてきました。

さまざまな仕事に明け暮れている私ですが、人生が変わったきっかけは高校中退でした。家業であるコーヒーに出会い、そこでバリスタという職業に出会うことで人生が変わったのです。

その後もバリスタとして修業を続け、もっとも歴史が長く、権威のある、世界最大のバリスタの大会「ワールド・バリスタ・チャンピオンシップ（ＷＢＣ）」にて、アジア人初の世界チャンピオンになったことで、コンサルタントとしていろいろな場に呼ばれることが増えました。

まさに、コーヒーのおかげで人生が変わったと言っても過言ではないのです。

●●● コーヒーで世界がわかる

思い返すと、私の人生の分岐点はバリスタになった瞬間ではなく、「学ぶことの楽しさ」を知った瞬間でした。

福岡で高校を中退した当時、父親のコーヒー店で働き始めましたが、最初はビジネスの現場で交わされる会話の意味がまったくわかりませんでした。

それはコーヒーの知識に欠けていた、というよりも、コーヒーが社会情勢、経済、文化など、さまざまな教養が求められる飲み物だったからです。たとえばコーヒーの価格変化の裏には、為替、輸送コスト、投機的な値動き、政情不安、環境問題など、さまざまな要因が複雑に影響し合っています。これらの要因を包括的に学ぶことがコーヒーを理解する第一歩だと気づいたのです。

ましてや、アジア人で誰も成し遂げていなかったワールド・バリスタ・チャンピオンになるためには、英語はもちろんのこと、グローバルな教養を身につける必要がありました。コーヒーを通して「学ぶことの楽しさ」を知ることができたからこそ、一念発起して大学やビジネススクールに通い、文化背景の異なる世界中の人と意見を交え、信頼関係を築くことができるようになったと思っています。

コーヒーを学ぶと世界がわかります。コーヒーは歴史、政治、経済とも切り離せない関係があり、さらにはSDGsなど近年のビジネストレンドまで学ぶことができる珍しい嗜《し》好《こう》品です。ビジネスエリート、アーティスト、政治家、研究者など、世界のプロフェッショナルにはコーヒーを愛する人も多く、コーヒーが共通言語としてきっと役立ちます。

私が本書を執筆した理由は、「漆黒の液体の背後にある物語を知ることで、皆さんが何気なく飲む一杯に彩りを与えられるかもしれない」、このように思ったからです。この一冊を読めばあなたの一杯はより美味《おい》しくなります。知れば知るほどコーヒーの奥深い世界に引き込まれること間違いありません。

本書では、コーヒー初心者のために、ドリップコーヒーの淹《い》れ方といった最低限の嗜《たしな》みについても解説していますので、ぜひコーヒーを飲みながら、楽しんで読んでいただければ幸いです。

目次

第2章

コーヒーの飲み方の奥深い歴史

第3章

コーヒーが届くまでの裏側

第4章 知る人ぞ知るコーヒーの現在

第5章

コーヒーが教えてくれるビジネスの心得

1
コーヒーをたどると
世界史が見える

まずは、コーヒーについての「ザ・教養」ともいえる歴史について。毎日飲んでいるコーヒーも、いつ、どこで飲まれるようになったのか、どうやって世界に広がったのかについてはなんとなくしかわからない人も多いのではないでしょうか。

コーヒーの歴史をたどれば、いま現在も続く国際関係や世界史が見えてきます。細かくたどれば本1冊分になってしまうので、ここでは発祥からヨーロッパへの伝播、そして日本におけるコーヒーの歴史を中心にお話ししましょう。

コーヒーの原産地エチオピア

紅茶、コーヒー、ココア。

この3つは、**世界三大嗜好飲料**と呼ばれ、いずれも長い歴史を持っています。

紅茶は18世紀以降にヨーロッパで広まった飲まれ方ですが、お茶そのものの歴史は古く、およそ5000年前には中国で飲まれていたことが確認されています。

ココアの主原料であるカカオも、5000年以上前のエクアドルで食用として使われていたといいます。

それでは、コーヒーは？　いつ、どこで生まれ、飲用されるようになったのでしょうか。

コーヒーノキになるコーヒーチェリーが、いわゆるコーヒーの原料となる。

コーヒーの原産地はエチオピアのアビシニア高原と言われています。ただし、エチオピアの文化は、古くから口伝《くでん》で伝えられてきたので、文字として残っていません。当地にあるコーヒーの木が、人々とどのように関わってきたかは、推して知るしかありません。

私はアビシニア高原のカッファ地方で、現地の人々が「Mother of Coffee Tree」と呼んでいるコーヒーの木を見せてもらったことがあります。ちなみにこのカッファ地方が、コーヒーの名前の由来だという説もあります。

話を戻します。現地のある人は、

「俺の曽祖父が『これが母なるコーヒーの木だ』と教えてくれたんだ」

そう言っていました。少なくとも4世代にわたって、その樹齢は５００年とも言われる、母なるコーヒーの木を大切に守ってきたと言うのです。もしかしたら、この曽祖父も、またその親や祖父から「これが母なるコーヒーの木だ」と、やはり口伝で教えられたのかもしれません。

私は彼の話を聞いて、エチオピアの人々がはるか昔から、コーヒー文化を代々伝えてきた歴史に思いを馳《は》せざるをえませんでした。

さてコーヒーの木、正式な日本語名称では「コーヒーノキ」が地球にいつから存在していたのかというと、実はこれもはっきりわかっていません。コーヒーノキの化石が発見されていない以上、確かなことはわからないのです。

しかし、コーヒーノキに近いアカネ科の植物の花粉の化石などから推定したところ、原始的なコーヒーノキの仲間が生まれたのは約1440万年前で、カメルーン付近からアフリカ大陸一帯に広がっていったと推測されています。

現在のコーヒーとは異なる飲み方だったとは思われますが、人間のあるところに古くからあった植物です。アフリカではるか昔からコーヒーが口にされていたと考えるのが自然でしょう。

コーヒーの起源にまつわる伝説

コーヒーの起源についてはっきりしたことはわかっていないため、世間ではさまざまな伝説がまことしやかに語られています。ここではとくに有名な2つの伝説を紹介します。

【伝説1：ヤギ飼いカルディ】

6世紀頃、エチオピアの高原にカルディという名のヤギ飼いがいた。カルディは、世話を任せられているヤギたちが茂みにあった赤い木の実を食べると、元気になって踊りまわるのを見た。カルディがこの話を近くの修道院の院長に話すと、院長はその事実を確かめるため、自分でも食べてみることにした。すると、頭がはっきりし、気分も浮き立つ。そこで彼はこの実を煮出した汁を修道士たちに飲ませることにした。おかげで、彼らは夜通し礼拝を続けられるようになったという。

この伝説は、日本全国に店舗をかまえるコーヒーショップ「カルディコーヒーファーム」の名前の由来にもなっているため、ご存じの方も多いでしょう。

続いて紹介するのが、パリ国立図書館に写本が現存する、コーヒーの飲用を奨励する最古の文献『コーヒーの合法性の擁護』（1587年）にも紹介されている伝説です。

【伝説2：シェーク・オマール】

13世紀頃、シェーク・オマールというイスラム教の修行僧が無実の罪でイエメンにあるモカの街を追放された。空腹に苦しみながら山中をさまよい歩いていると、美しい鳥が赤い木の実をついばんで陽気にさえずるのを発見。彼はその実を口に含んで渇きをいやした。さらに実をポケットいっぱいにとって、鍋でスープにして飲んだところ、それまでの疲れが嘘《うそ》のように元気になった。その後、彼はこの実を使ってたくさんの病人を救ったという。

この2つのエピソードがコーヒーと人との出会いとしてよく語られるのですが、いずれにしても、「頭がはっきりする」「元気になる」といったコーヒーの持つ力が表現されているのが興味深いところです。

ただ、これらの話はあくまでも民間伝承や伝説の類であり、かつては事実のように受け入れられていましたが、現在では史実ではないとされています。実を発見してすぐに、飲み物にすることを思いついているのも怪しいところです。

これら2つの説とは別に私が気に入っているのは、ジャーナリストのアントニー・ワイルドが著書『コーヒーの真実』で提唱している「**コーヒーこそが聖書に出てくる『知恵の実』だったのではないか**」という説です。

知恵の実は、『旧約聖書』の「創世記」に登場するもので、最初の人間、アダムとイブが蛇にそそのかされて食べてしまった「禁断の果実」です。「禁断の果実」を食べたことでアダムとイブは楽園を追われ、人間に寿命が生まれ、労働の苦しみから逃れられなくなったと聖書は伝えます。知恵の実は人間に「原罪」を与え、不幸になったととらえるのが普通の解釈ですが、この実を食べたことで人間は労働を覚え、文明が発展したともとれるでしょう。

ワイルドは、コーヒーと知恵の実を結びつけて、コーヒーに含まれるカフェインこそが人類の進化に手を貸したのではないかと言っているのです。

『コーヒーの真実』は2011年に白揚社から邦訳版が刊行されている。

もちろん、その説を信じるわけではありません。ただ、コーヒーの持つ力を表現するいい比喩だなと思って気に入っています。のちほどお話ししますが、コーヒーは人々を覚醒させ、実りのあるディスカッションを助け、文化的な発展に寄与してきました。そういう意味では、コーヒーこそがまさに「知恵の実」なのかもしれません。

コーヒー文化発祥の地イエメン

ここまで、「エチオピア」と「イエメン」の2つの国名が象徴的に出てきました。**コーヒーノキはエチオピア原産で、やがて対岸のイエメンに渡った**と考えられます。実はコーヒー文化が花開き、それを広めたのは、エチオピアではなくイエメンを含むアラビア世界でした。アラビア世界には文字があったので、コーヒーの利用についての記述も確認できるのです。

もともとコーヒーノキが自生していたエチオピアで、文献には残っていないだけで実はコーヒーが飲まれていたのか、あるいはコーヒーノキが伝播したイエメンで初めてコーヒーという飲み物があらわれたのか。難しい議論で、それゆえに**コーヒー発祥の地はエチオピアともイエメンとも言われています**。

イエメンにおける最初のコーヒー栽培は西暦575年に遡るとされていますが、現在のような飲み物として利用されている文献が確認できるのは9世紀以降です。ペルシア（現イラン）人の医師である**ラーゼス（850〜922年）が「バンカム」と記したのが、コーヒ**

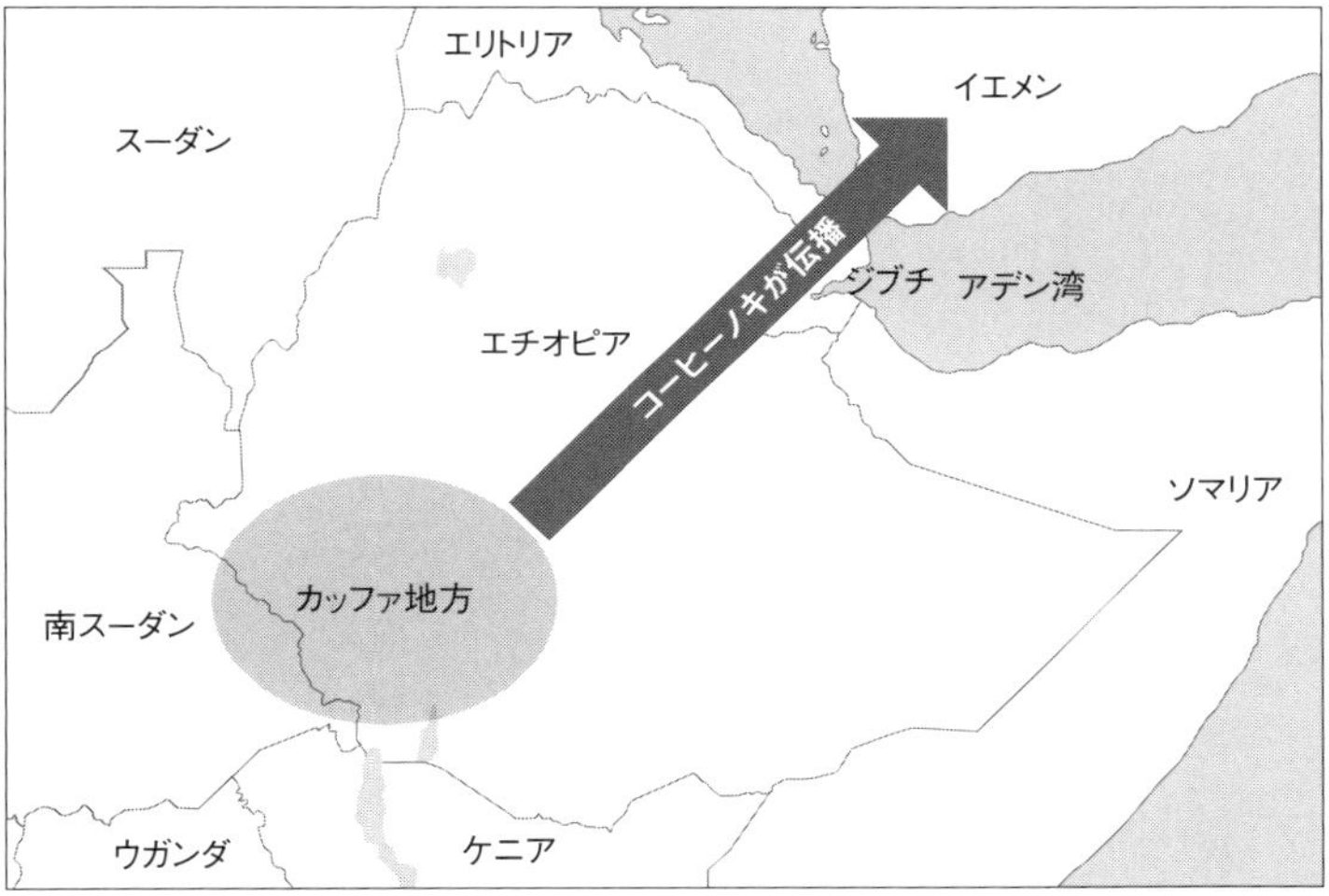

ーではないかとされているのです。もっとも、バンカムはコーヒーではなかったとする意見も一方にはあり、なんとも言えないところです。

その後、文献にはしばらくコーヒーらしきものが登場しないのですが、15世紀になってようやくイエメンで「**コーヒーのカフワ**」という飲み物が登場します。

「カフワ」とはもともと、「果実酒」を意味する言葉で、コーヒーだけを指すものではありませんでした。ただ、そのカフワの一種として、コーヒーの種子を煮出した飲み物が生まれたのです。

イエメンのアデンで、イスラム法学者ムハンマド・アッ・ザブハーニーにより発明されたといいます。そしてこれが、コーヒーのイエメン発祥説の根拠です。

ちなみに先ほどエチオピアのカッファ地方を紹介しましたが、カッファ地方ではなくカフワこそがコーヒーの語源という説もあります。私の会社、株式会社QAHWAも、カフワからとった名前です。

なぜイスラム教徒から始まったのか？

ムハンマド・アッ・ザブハーニーは、スーフィーの導師でした。スーフィーとはイスラム教の教派のひとつで、イスラム神秘主義とも呼ばれます。アラビア語で羊毛を意味する「スーフ」に由来しており、俗世を捨てて粗末な衣類のみをまとって暮らす者を指しています。

彼らは、清貧と禁欲に徹し、厳しい修行を自らに課す中で自我を滅却して「内なる神に触れる」という考えを持っています。ちなみに、伝説として紹介したシェーク・オマールも、スーフィーの修行僧です。

スーフィーに特徴的なのは、修行のために独特の儀式を行うこと。一晩中、神への賛美を唱え続けたり、歌い踊ったりすることで神との一体感を高めます。手を広げ、くるくる

スーフィーの中でも、メヴレヴィー教団は別名「旋舞教団」と呼ばれるように回転祈禱で有名。写真のような手を広げたポーズのまま回転する。

撮影：パスカル・セバ（1870年）

と回転を続ける祈禱《きとう》で有名です。また、儀式にアヘンや大麻などのドラッグを使う教団もあります。一種のトランス状態になることで神に近づけるという考え方からでしょう。

そんな儀式に使う飲み物として、ムハンマド・アッ・ザブハーニーはコーヒーに注目したのです。

それまで使われていたのは「カート」という植物の葉でした。いまもエチオピアやイエメンに行くとカートを噛《か》んでいる人たちを見ますが、カートには覚醒作用があり、多幸感や陶酔感をもたらしてくれます。ただ、保存がきかず、鮮度が落ちると効果がなくなるという欠点がありました。

カートに代わるものとして、コーヒーは優れていました。ザブハーニーは現地の人々がコーヒーノキの赤い実を食べていたのを知っていましたし、自分自身、薬として実を煮出したものを飲んでコーヒーの覚醒作用を知っていました。コーヒーはカートと同じような効果がありながら、長期間の輸送や保存に耐えることができます。実を干して乾かせばいいのです。

コーヒーはまずスーフィーの間に広まり、続いてその外にも広がっていきました。15世紀末になると、イスラム世界の中心地、メッカにもコーヒーが到達しています。学者や学生たちが眠気覚ましに利用するだけでなく、単に一般大衆の嗜好品としても飲まれるようになったのです。

イスラム教では基本的にアルコールを禁止していることもあり、代わりの嗜好品として覚醒作用のあるコーヒーが馴染《なじ》みやすかったのは想像に難くありません。カートが現在も好まれているのも、アルコールが飲めないからでしょう。

カフェの原点はメッカにあった

16世紀初頭になると、コーヒー専門店「カフェハネ」がイスラム教の聖地、メッカに登場し

ます。

アルコール禁止のイスラム世界で、カフェハネは人々の交流の場として機能しました。コーヒーを飲みながら、頭がスッキリした状態で語らうのです。他愛《たわい》もない日常会話から文学の話や政治談議まで、さまざまな話題が飛び交います。酔っぱらうことのない「バー」のような存在です。またカフェハネはチェス、歌や踊りといった、会話にとどまらないエンターテインメントも提供していました。まさに「バー」ですね。

ただ、当時のカフェハネには、女性は入ることができませんでした。「アルコールなし・男性のみ」がカフェハネのルールです。このルールは、のちにイギリスの「コーヒーハウス」でも受け継がれます。

ヨーロッパでのちに爆発的に広がるコーヒーハウス（カフェ）のモデルは、カフェハネだったわけです。カフェハネは、コーヒーハウスやカフェの原点と言えるでしょう。

また、現在でも繁華街が風紀を乱すと批判されるように、当時はカフェハネも批判を受ける存在でした。厳格なイスラム教徒からすれば、バーの喧騒《けんそう》そのものが愚かしいものだったでしょうし、本来は宗教目的だったコーヒーが世俗化してしまったことにも反感があったようです。また、イスラム主流派からの、スーフィーそのものへの反発もありました。

そんなさなかに起きたのが、「**メッカ事件**」でした。メッカのパシャ（総督）であったカイル・ベイがコーヒーを禁止したのです。コーヒー豆は処分され、コーヒーを売った者、買った者、飲んだ者、いずれも鞭打《むちう》ちの刑に処されることになりました。

結局、当時メッカを支配していたマムルーク朝の首都カイロ（現在はエジプトの首都）からコーヒーを禁止しない旨が通達されたことで、この事件は沈静化します。

とはいえ、その後もコーヒー弾圧の動きは続きました。コーヒーを通じた議論、コミュニティによって、大衆が体制側（宗教や政治の指導者）より力を持つことを、体制側が恐れたからでしょう。これらの弾圧は、後でヨーロッパでコーヒーハウスが民主的な施設として広がったときと同様に、コーヒーが民主的な飲み物であることを象徴しているように思えてなりません。

弾圧があっても庶民の間に根付いたほど、コーヒーの魅力には抗《あらが》えないものがあったのではないでしょうか。

さて、このカフェハネは1554年に、オスマン帝国（アラブからアフリカ、ヨーロッパにまたがる一大版図を築いた、現在のトルコにあたる帝国）の首都コンスタンティノープル（現在のイスタンブール）にも作られました。

多大な人口を抱えるオスマン帝国の首都に、内装にも贅《ぜい》を尽くしたカフェハネが誕生したことで、カフェハネやコーヒーの評価は高まり、オスマン帝国全体にコーヒーが本格的に普及することとなりました。カフェハネはますます豪華になり、多くの人々を引き寄せ、「賢者の学校」と呼ばれるまでの存在になりました。

ヨーロッパとコーヒーの出会い

そして**17世紀になると、コーヒーはついにヨーロッパへ**と伝播します。

17世紀初頭には、地中海を通じてアラブ世界と交易を行っていたイタリアのヴェネツィアに伝わったとされています。

その当時、ヨーロッパの文化的中心だったフランスへは、1644年にP・ド・ラ・ロークという人物がイスタンブールから持ち帰ったのが最初だとされています。また、その2年後の1646年に生まれ、『千夜一夜物語』を翻訳したフランス人のアントワーヌ・ガランは、『コーヒーの合法性の擁護』をフランスに紹介した人物でもあるなど、ヨーロッパへのコーヒー紹介は、もっぱらフランスに端を発しています。

ヴェネツィア商人やP・ド・ラ・ロークの動きなどはありましたが、ヨーロッパ（のとくに上流階級）におけるコーヒー流行の決定打となったのが、１６６９年の出来事です。

この年、オスマン帝国の皇帝メフメト4世は、ソリマン・アガという大使をフランスのルイ14世のもとへ遣わしました。ヨーロッパへ領土拡大していたオスマン帝国が、領土を接するオーストリアと戦うためにフランスを味方につけたかったのです（オーストリアとフランスはいずれも当時の大国で、対立関係にありました）。

パリに到着したソリマン・アガは、仮住まいをトルコ風に豪華に飾り立て、訪問客にコーヒーを振る舞ってもてなしました。このコーヒーが大評判になります。豪華な調度とともに味わうコーヒーは、パリの貴族から庶民まで、その心をつかみました。背景には、「オリエンタリズム」ともいうべき異国文化への興味や、当時の強国オスマン帝国への関心が見てとれます。

ともかく、このソリマン・アガのフランス滞在という象徴的事件をきっかけに、コーヒーはフランスに広まり、大流行します。

大使として本来の交渉はうまくいかなかったソリマン・アガですが、パリにコーヒーを広めるには充分な働きをしたことになります。

ソリマン・アガがフランスに駐在したのは、たった1年弱のことでしたが、これを機に

7歳でオスマン帝国の皇帝に即位したメフメト4世（在位1648〜1687年）。ヨーロッパにおけるオスマン帝国の最大版図を築く。

アントワーヌ・ガラン（1646〜1715年）。『東方全書』を編纂するなど、イスラム世界の紹介に尽力した。

ルイ14世に謁見するソリマン・アガ。

評判になったコーヒーは瞬《また》く間にヨーロッパ中の商人たちの注目の的になり、フランスのみならずヨーロッパ全土へと急速に広まります。

ロンドンで火がついたコーヒーハウス

カフェハネがオスマン帝国の市民たちの交流の場であったように、ヨーロッパのコーヒーハウスも市民の交流の場として広がっていきました。

ヨーロッパで最初にコーヒーハウスが流行したのはイギリスです。

イギリスといえば紅茶のイメージが強いですが、実は紅茶より先に流行《はや》ったのがコーヒーです。**1652年、ロンドンにイタリア出身のパスカ・ロゼがヨーロッパ初のコーヒーハウスをオープン**し、社交の場として瞬く間に人気になります。その後ロンドンには次々にコーヒーハウスができ、30年後には約3000に増えたのです。まさに大ブームの様相です。

それまで、イギリスの社交場としてはエールハウス（パブ）がありましたが、当然ながらアルコールの影響で酔っぱらっているのが普通でした。真面目な議論をしても、最後には酔っぱらって支離滅裂、よく覚えていないのです。これでは、なかなか建設的な話がで

17世紀ロンドンのコーヒーハウスの様子。

きません。

一方で、コーヒーハウスは素面《しらふ》でいられるどころか、コーヒーのカフェインのおかげで頭が冴《さ》えます。カフェインには抽象的な思考を高める効果もあると言われており、まさに議論に向いています。

私は、コーヒーハウスが流行した本質的な理由はこれだと考えています。

当時のイギリスはピューリタン革命後であり、絶対王政を倒し共和制を打ち立てていました。封建的な身分制度にしばられるのではなく、市民社会を実現しようとしていた時期です。ロンドンの市民たちにとって、身分に関係なくコーヒーを飲みながら政治談議ができる場が求められていました。

当時のイギリスのコーヒーハウスは、**入**

店料1ペニー、コーヒー一杯2ペニーを払いさえすれば、身分・職業に関係なく、富める者も貧しい者も、誰でも入店してそこで交わされている会話に加わることができました。

議論の場としてのコーヒーハウスで、議論の助けになるコーヒーが出される。この組み合わせが功を奏して流行したのです。貧富や身分にかかわらず、全員が同じものを飲んでいるのも、対等な関係を保証するのにプラスに働いたことでしょう。

いまでも企業間のオフィス訪問では、コーヒーが出される機会が多いですが、これも活発な話し合いを促す効果が期待できます。お互いの頭も冴えますし、相手のプレゼン中に居眠りをする心配もありません。豆の種類を訊《き》いたりと会話のタネにすることもできます。アルコールを含まない覚醒飲料として、コーヒーは重宝されているのです。

コーヒーハウスが生んだ音楽、保険

コーヒーハウスが提供していたのは、コーヒーと場所だけではありません。店にある新聞や雑誌を読むこともでき、さまざまな情報交換ができることから、入店料1ペニーで学べる「**ペニー・ユニバーシティ**」と呼ばれていたそうです。

また、あらゆる階層の人々が通っていたので、政治関係のみならず、ビジネスや生活に関わるサービスも提供されていました。たとえば、証券取引所や郵便局として機能するコーヒーハウスもありました。そうした各種サービスが受けられるからか、あるいはコーヒーだけではあまりに安かったからか、現在まで続く欧米のチップ文化が生まれたのもコーヒーハウスでした。コーヒーハウス専用の通貨もあったようです。

コーヒーハウスで提供されていたサービスですが、変わった例としては、バッハのコンサートがドイツのコーヒーハウスで行われていました。バッハのコーヒー好きは有名で、コーヒー好きが高じてコーヒーハウスで演奏をするようになったというのです。

彼は教会音楽家ですから、教会のために作曲をしていて忙しかったはずです。しかし、その合間をぬってコーヒーハウスに行き、ライブ演奏をしていたというのです。当時は音楽家が演奏する場といえば、教会や貴族たちの集まる館がお決まりでした。ところがバッハのコーヒー好きのおかげで一般の人々も音楽を楽しめたというのです。

「コーヒーカンタータ」は、そんなコーヒー好きのバッハが書いた楽曲です。流行りのコーヒーのことばかり考えている若い娘と、それをなんとかして止めようとする父親のユーモラスなやりとりを作品にした、コーヒー賛歌です。

ビジネス方面では、世界最大と言われる保険市場のロイズも、コーヒーハウスと関係しています。発祥は、エドワード・ロイドがロンドンのタワー街にオープンしたコーヒーハウス。この店の特徴は海運関係の情報を載せた新聞「ロイズ・ニュース」を店で発行していたことです。そのニュースを目当てに船乗りや貿易商がよく集まっていました。

当時から保険はあることにはあったのですが、個人レベルで引き受けていました。金融業者や貿易商が、航海に伴う船体や積荷損傷のリスクをまるごと引き受けていたのです。つまり、引き受け側の支払いリスクが重かったのです。海難事故といった大きなアクシデントが起きると多額の支払い義務が生じ、引受人にとっては死活問題です。

そこで保険引受人たちは自然発生的に、集まってシンジケートを作りました。これがロイズの起源です。

複数人で保険を引き受けることで、リスクを分散できるだけでなく、より大きなリスクにも対応できるようになります。これまで及び腰になっていた貿易商なども、より大きな事業に挑戦できたことでしょう。コーヒーハウスが経済成長を促進していたのです。

コーヒーが変えたジャーナリズム

コーヒーハウスでは新聞や雑誌が読めたと言いましたが、それらは売店で購入するとい

ジョン・ドライデン（1631〜1700年）は、イギリス詩の歴史に足跡を残した。

うより、コーヒーハウスに置かれたものを多くの人がその場で回し読みするものでした。当時は字が読めない人も多く、読めない人は読める人に読んで聞かせてもらっていました。やがて識字層は拡大していき、このことが新聞、雑誌の伸長はもちろん、経済発展に影響を及ぼしました。

新聞や雑誌はコーヒーハウスで読まれるだけでなく、まさにそのコーヒーハウスでも情報を収集しました。ゴシップや地域情報がコーヒーハウスを起点に集められ、またそれが紙面をにぎわせて客を喜ばせます。たとえば、先ほどの「ロイズ・ニュース」が海運系の新聞として伸びたのには、情報を求めた客がまた別の情報を持ち込むという好循環があったからです。

また、コーヒーハウスに集った人たちが文学や詩の批評を行いながら、作品の構想を練り上げるという動きも見られました。イギリス文学に大きな影響を与え、その時代を「ドライデンの時代」と呼ばれるほどの文学者ジョン・ドライデンも、コーヒーハウスを拠点に活動していたといいます。

イギリスの茶、アメリカのコーヒー

このようにイギリスを政治・経済・文化の面からもり立てていったコーヒーハウスですが、現在にまで続いていないのはなぜでしょうか？

実は、ロイズやドライデンの例にもあったように、コーヒーハウスごとに特定の人たちが集まるようになったことで、一方ではその分野の成長につながったのですが、他方ではコーヒーハウスのグループ化が進んでしまったのです。多様な個性によるコミュニティであったはずのコーヒーハウスが職業、階級、党派などによって分かれてしまい、次第に会員制のクラブへと変化していったのです。

また、イギリスの植民地経営の事情もありました。インドを中心にイギリスのアジア貿易を担った東インド会社が、当地の茶に関心を寄せた影響で、イギリス国内で大々的にお茶が宣伝され、イギリスは紅茶文化に置き換わっていったのです。

イギリス本土が紅茶文化に置き換わっていく一方、イギリスのコーヒー文化の性格を残したのが、イギリス移民が開拓したアメリカです。アメリカにおけるコーヒーの歴史はヨーロッパ

1846年に描かれた、ボストン茶会事件の様子。この絵のように、ネイティブアメリカンに仮装して茶船を襲撃したと伝えられるが、仮装はほとんどなかったとする声もある。

と同じくらいに古く、ヴァージニア州を開拓した探検家のジョン・スミス（１５８０～１６３１年）が広めたとされています。

そして時が経《た》ち、１７７３年。世界史でも有名な「**ボストン茶会事件**」が起こります。東インド会社にアメリカでの茶の独占販売権を認める「茶法」がイギリスで制定され、その本国有利で理不尽な法律に対する不満から、ボストンに停泊していた東インド会社の茶船が襲撃された事件です。

象徴的なこの事件を境にアメリカ国民は茶から離れていき、よりコーヒーを嗜むようになったと言われています（もちろん紅茶も飲まれていますが）。

コーヒーと紅茶の間に、アメリカとイギリスをつなぐ世界史が隠れているのです。

コーヒーが「人権」となったヨーロッパ

さて、イギリスの話ばかりになってしまったので、ほかの国も見てみましょう。

イギリス以外で有名なコーヒーハウスとしてまず挙がるのが、パリのカフェ「**ル・プロコップ**」。1686年に開業し、18世紀にはロンドンと同様に、音楽家、劇作家などが集まる文学サロンとして機能しました。現在も営業しているので、パリへ行かれる方はぜひ。現存するパリで最古のコーヒーハウスです。

イタリアの「**カフェ・フローリアン**」も忘れてはいけないでしょう。こちらは1720年、ヴェネツィアに開業した、イタリア最古のコーヒーハウスです。やはり現在まで続いていますので、イタリアはヴェネツィアへ旅行の際にはぜひ寄ってみられては？

さて、イタリアのカフェには、いまもコーヒーハウスらしい民主性・社交性を伝える独自の風習があります。

それがナポリで生まれた風習「**カフェ・ソスペーゾ**」です。

これは、注文する際、お金に余裕のある人は自分の分以外に後で来る誰かのための「もう一杯」のコーヒー代金を支払うという風習です。「ソスペーゾ」とは「保留」という意味で、保留しているコーヒーを誰かが受け取れるわけです。

もともとは第二次世界大戦中の苦しい時期に、貧しい人が少しでも前向きになれるように応援する気持ちで始められた習慣だといいます。顔も知らない誰かのために先に代金を支払い、その一杯を誰が受け取ったのか知ることもない。思いやりにあふれた、とても素敵な文化です。ナポリ発祥のこの文化は、いまではイタリア全土、ヨーロッパ、アメリカの一部地域にも広がりを見せています。

もっとも困難な時期に、ほかのものでなく「一杯のコーヒー」を贈る習慣ができたのは、それだけイタリアの人々にとってコーヒーが欠かせないものだったということでしょう。どんなに貧しくても、生活が苦しくても、美味しい一杯のコーヒーがあれば少し幸せな気持ちになれるのです。

ちょっと話は逸《そ》れますが、2022年5月にイタリアのあるコーヒー店が国内で炎上し、海外でもニュースになるという事件がありました。

事件の顚末《てんまつ》は、次のようなものです。

そのコーヒー店には価格表が置かれていませんでしたが、QRコードを読み取ることで価格がわかる仕組みになっていました。ある注文客は、その店でエスプレッソを注文。さて会計の段になって、本人は1ユーロだと思っていたエスプレッソが、2ユーロだったと判明。「店側が値段表示義務に違反している」として客は警察に通報しました。

結果、値段表示義務に対する違反ということで、この店は1000ユーロの罰金を支払うこととなりました。紙のメニュー表を用意しないのは違法だととらえたのです。

私たち日本人からすると、「1ユーロだと思ったコーヒーが2ユーロだったくらいで通報するなよ」と言いたくなるような出来事ですが、イタリアではSNSでもニュースでもさまざまなコメントが飛び交いました。コーヒーに2ユーロも、というのがイタリア人の一般的な反応でした。誰でも1ユーロという価格で飲めることに、コーヒーの価値を感じているのです。

この事件でもわかるとおり、一杯のコーヒーを飲む権利は、ヨーロッパでは「人権」に近いような感覚なのです。

植民地主義――コーヒーの負の歴史

ここまで、コーヒーがヨーロッパ社会を成長させてきたことは説明してきましたが、その裏側にあった「負の歴史」についても触れておきましょう。ものごとを正しく理解するには、多様な視点から捉えなければなりません。

コーヒーノキはアフリカ原産だけあって、熱帯・亜熱帯地域で育つ植物です。ヨーロッパでは栽培できません。

そこでヨーロッパの国々は、それぞれの植民地でコーヒーノキの栽培を始めます。植民地に大規模な農園（プランテーション）を作り、現地の人々や、奴隷として連れてきた人々を働かせました。16～19世紀には数多くのアフリカ人が船に乗せられて大西洋を渡り、アメリカ大陸に作ったプランテーションで働かされます。

たとえば南アメリカの北東部に位置するスリナム（現スリナム共和国、旧オランダ領ギアナ）では、18世紀にプランテーションがどんどん拡大していきました。

１７４５年には１４０のコーヒープランテーションがあり、１７７０年までには２９５

に増えます。この頃、ヨーロッパ市場におけるコーヒー消費量の半分近くがスリナムのプランテーションで作られていました。スリナムのコーヒープランテーションでは1軒あたり平均90人ほどの奴隷労働者がいたそうです。奴隷労働者への対価はわずかなものでした。

そのほかフランス、イギリス、スペインの植民地でもコーヒー農園が作られ、同じように安価で大量の労働力を用い、ほぼタダに近い人件費でコーヒーが作られていました。

ヨーロッパで人権同然にとらえられた「一杯のコーヒー」の裏に、人権を無視された無数の人々がいたのです。

奴隷制度が廃止されてからも、植民地主義の「負の遺産」は残っています。たとえば、コーヒーを消費するのは主に欧米諸国というのも事実であり、生産者への価値配分がうまくいっていないのではないかという声もあります。

すぐに解決できることではないものの、こういった負の側面を理解して、是正に努める意識だけでも持っておくというのが、現代に生きる私たちの責務ではないでしょうか。目の前のコーヒーをただ楽しむのではなく、その裏側にある本質に思いを馳せてこそ、美味しく飲めるというものです。

読者の皆さんにぜひ注視してもらいたいのは、表面的な事実だけではなく、本質です。

たとえば、近年カフェでも広く採用されるようになった紙ストロー。環境負荷の観点から、プラスチックストローではなく紙ストローに、というのが理由ですが、これは本質的な解決になっているでしょうか。

確かに紙ストローに変えること自体は悪くないですが、実は、コーヒーを楽しむ過程でもっとも二酸化炭素を排出しているのは、「湯沸かし」の工程です。本質的には「湯沸かし」の工程を省エネ化する技術革新のほうが、環境対策にとってクリティカルです。表面的な事実だけを見ていると、紙ストローの効果を多大に見積もってしまうのです。

少し話は逸れてしまいましたが、歴史にせよ環境負荷にせよ、コーヒーの裏側を知っていると、自分たちがどのようなアクションをとるべきかが、より本質的に考えられるようになると思います。

ブラジルが最大の生産国になった理由

歴史に話を戻しましょう。

ブラジルも、植民地政策が生んだ一大コーヒー産地です。

いまでは、コーヒーといえばブラジルを思い浮かべる人も多いのではないでしょうか。

コーヒー生産量トップ10（2020年）

順位	国名	生産量（トン）	比率
1	ブラジル	3,700,231	34.6%
2	ベトナム	1,763,476	16.5%
3	コロンビア	833,400	7.8%
4	インドネシア	773,409	7.2%
5	エチオピア	584,790	5.5%
6	ペルー	376,725	3.5%
7	ホンジュラス	364,552	3.4%
8	インド	298,000	2.8%
9	ウガンダ	290,668	2.7%
10	グアテマラ	225,000	2.1%

※国際連合食糧農業機関の2022年発表による

現在、**コーヒー豆の生産量世界第1位は断トツでブラジルであり、世界の総生産量の約3分の1を占めています。**

もちろん、ブラジルにもともとコーヒーノキが自生していたわけではありません。最初にコーヒーノキが持ち込まれたのはポルトガルの植民地時代の１７２７年。スリナムを経由してパラー州に植え付けられたと言われています。コーヒーノキ栽培に適した地であったこともあり、それ以降ブラジル各地に広がっていきます。

ただ、歴史的に見ると、ブラジルが世界最大の生産国になった理由は地理的条件だけではありません。ナポレオンの政策が関係しています。

ヨーロッパにおいてフランスとその同盟国を支配していたナポレオンは、１８０６年、敵対するイギリスを経済的に追い詰めようと「**大陸封鎖令**」という命令を出しました。イギリスと大陸、つまりほかのヨーロッパ各国との貿易を完全に遮断しようとしたのです。

これに従わなかったのがブラジルを領有していたポルトガルです。怒ったナポレオンはポルトガルに侵攻。ポルトガルの王族は植民地であるブラジルのリオ・デ・ジャネイロに亡命しました。

リオはポルトガルの暫定的な首都となったことで、産業やインフラが発達していきました。同時に、ブラジルでのコーヒー栽培がさかんになっていきます。もともと砂糖を作っていた大規模なプランテーションを利用し、コーヒー栽培に力を入れるようになりました。

一方で、大陸封鎖中のヨーロッパには砂糖とコーヒーが不足しました。「世界の工場」であるイギリスから何も入ってこないとなると、植民地から手に入るものもなくなり、ヨーロッパ諸国が困窮したのです。

ナポレオンは、ヨーロッパ国内で砂糖やコーヒーが作り出せるような研究を奨励しました。砂糖については、ヨーロッパのテンサイから作り出す技術が開発されましたが、コーヒーは無理でした。見た目や香りがコーヒーのような飲み物は作ることができても、肝心のカフェインが作り出せません。覚醒作用のあるコーヒー代用物はどうしても見つからず、ヨーロッパ全体が深刻なコーヒー不足に陥ったのです。

明らかに、フランスにとっても「大陸封鎖令」は失策でした。コーヒー不足の人々が不満を募らせたためか、やがてナポレオンは失脚。ヨーロッパにはコーヒーが戻ってきて一大ブームになります。このブームを支えたのが、「大陸封鎖令」中にせっせとコーヒー栽培に力を入れていたブラジルのコーヒープランテーションだったのです。

テンサイ糖実用化により砂糖の価格が急落したこと、コーヒー需要が高まったことで、ブラジルに遅れてほかの中南米の植民地も、大規模なコーヒーノキ栽培に乗り出します。しかし、先んじていたブラジルには敵《かな》いません。大規模農園は、資本投下が物を言います。植民地を脱した後でも、ブラジルの優位が揺らぐことはありませんでした。

いかがでしょうか。コーヒーをたどって世界史を見ていくことで、現在にまで続く国際関係の一端が垣間見《かいまみ》えたのではないでしょうか。

日本人とコーヒーの出会い

今度は、日本のコーヒー史を見ていきましょう。

実は、日本はかなり「コーヒー好き」の国です。

近年の**世界の国別消費量を見ると、1位EU、2位アメリカ、3位ブラジルに次いで4位が**

日本です。意外なことに、最大の産地ブラジルや、コーヒーを歴史的に楽しんできた欧米に続いて、日本はコーヒーの一大消費国なのです。

日本に初めてコーヒーが入ってきたのは江戸時代初期と言われています。鎖国中の1640年代に、長崎の出島にオランダ商人によってもたらされたという説が有力です。オランダ商人が飲んでいるコーヒーを、商館に出入りしていた通訳や役人といった限られた人たちが飲んだのです。

随筆から狂歌、漢詩まで文筆に才を振るった蜀山人は幕府の役人でもあり、長崎奉行所に赴任していた。

彼らの反応がどうだったのかはわかりません。ただ、1804年には、文人であり食通としても知られる蜀山人《しょくさんじん》（大田南畝《おおたなんぽ》）がオランダ人の船でコーヒーを飲んだ際の感想を「焦げくさくして味ふるに堪へず」と随筆『瓊浦又綴《けいほゆうてつ》』に記しています。

お茶が浸透している日本では、どうやらコーヒーは受け入れられなかったようです。出島に持ち込まれた舶来品から火がつくこともなく、鎖国中の日本にはコーヒーは広まりませんでした。

一転してコーヒーが広まるようになったのは開国後。文明開化とともに西洋のコーヒーが取り入れられ、もてはやされるようになっていきました。幕末の1858年には正式にコーヒー豆を輸入するようになり、徐々に広がりを見せます。

早すぎた「可否茶館」

日本で最初にオープンしたコーヒーハウス（カフェ）は、1888年に東京の上野にできた「可否茶館《かひさかん》」と言われています。

創始者は鄭永慶《ていえいけい》です。アメリカのイェール大学に学んだエリートながら、病気のせいで途中で帰国せざるを得なかったという人です。彼は可否茶館をフランスのコーヒーハウスのように、文化人が集うサロンのような場にしたいと意気込んで開店しました。

コーヒー一杯が1銭5厘、牛乳入りコーヒーが2銭。当時のそばが8厘（1銭＝10厘）くらいなので、やや高級でしょうか。現代でも立ち食いそば屋のかけそばのほうが、おし

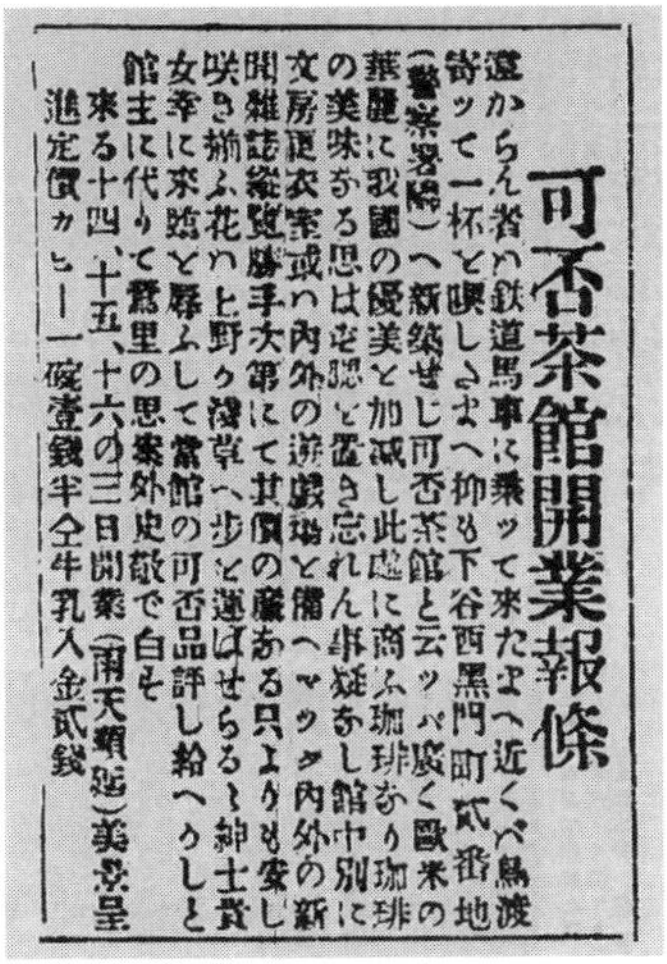

可否茶館開業報條

遠からん者は鉄道馬車に乗ッて来たまへ近くば鳥渡寄ッて一杯と喫しるまへ抑も下谷西黒門町弐番地(警察署隣)へ新築せし可否茶館と云ッパ廣く歐米の華麗に我國の優美と加減し此處に商ふ珈琲なり珈琲の美味なる思は老聴と置き忘れん非疑なし館中別に文房具衣案或ハ内外の遊戯場と備へマッタ内外の新聞雑誌縦覧勝手次第にて其價の廉なる只よりも安し咲き揃ふ花ハ上野ヶ淺草へ歩を運ばせらるゝ紳士貴女等に来踏と辱ふして當館の可否品評し給へかしと館主に代りて鷲里の思案外史敬で白す
来る十四、十五、十六の三日開業(雨天順延)美景呈進定價カヒー一碗壹銭半仝牛乳入金弐銭

新聞に掲載された可否茶館の開業案内。
出典：星田宏司『日本最初の喫茶店』(いなほ書房)

留学や外務省勤務の経験もあった鄭永慶。
出典：星田宏司『日本最初の喫茶店』(いなほ書房)

ゃれなカフェのコーヒーより安いことも普通ですので、まあ正当な価格でしょうか。

実は本場のコーヒーハウスさながらに入場料（1銭5厘）もとっていたので、当時の感覚ではやはりかなり高かったというのが真実でしょう。

もちろん、コーヒーを提供するだけではなく社交の場となるよう工夫していました。トランプや文房具、国内外の書籍、ビリヤードまでそなえた最先端の喫茶店です。しかし、残念ながら経営がうまくいかず、4年後の1892年に廃業することとなってしまいました。早すぎた、時代を先取りしすぎたということなのでしょう。

なお、**可否茶館の開業日の4月13日は「喫茶店の日」**とされており、上野の可否茶館跡地には記念碑があります。4月13日には、ぜひ喫茶店でコーヒーを召しあがってください。当日は、近くにお住まいの方は、せっかくなので上野の喫茶店はいかがでしょうか。

銀ブラの語源は喫茶店だった⁉

可否茶館はうまくいきませんでしたが、その後、木村屋や不二家といった菓子店併設の喫茶室や、政府が牛乳の摂取を奨励したために激増した「ミルクホール」と呼ばれる簡易な飲食店にてコーヒーが提供されるようになっていきました。

カフェー・プランタン店内の様子。

そして1911年に銀座にオープンしたのが「**カフェー・プランタン**」。

パリのカフェのように文人や画家たちによる文学批評・芸術談議ができる場所を作りたいとして、洋画家の松山省三、平岡権八郎らが開業しました。コーヒーのほか、洋酒や軽食も提供し、黒田清輝や森鷗外、永井荷風、谷崎潤一郎などの文化人が集う店となりました。当初は会員制だったこともあって、一般客には敷居の高い店だったようです。この点、ロンドンのコーヒーハウスがクラブになったのと似ています。

一方、大衆を集めたのは、同じ年、同じ銀座の地にオープンした「**カフェーパウリスタ**」です。

開業したのは「ブラジル移民の父」と呼ばれた実

開業当時の銀座カフェーパウリスタ。
株式会社カフェーパウリスタ提供

業家、水野龍《りょう》。その頃の日本は食糧難と働き口の不足に困っており、一方ブラジルでは「奴隷解放宣言」によりコーヒー農園で働いていた奴隷たちが解放され、働き手が不足していました。水野氏は、そんな状況にあった両国をつなぎ、ブラジル移民を初めて手がけた人物なのです。

パウリスタの開業は、移民政策への貢献の見返りとして、水野氏がブラジルのサンパウロ州政府からコーヒー豆を無償提供してもらったことがきっかけです。

サンパウロ州政府がコーヒー豆を無償提供したのは、日本でのコーヒー普及のためという意味もあったようです。その結果、パウリスタでは非常に安くコーヒーを提供することができたのです。なお「パウリスタ」とは、「サンパウロっ子」という意味です。

ブラジルを結節点として、コーヒーの世界史と日本史がここでつながりました。

ところで、「銀ブラ」という言葉がありますが、この語源がパウリスタに関係していることをご存じでしょうか。

『広辞苑』によれば、「銀座通りをブラブラ散歩すること」を意味しますが、大正初期の慶應義塾大学の学生たちは、三田で授業を終えた後、連れだって銀座まで歩いて、カフェーパウリスタでブラジルコーヒーを飲みながら、人生と文学談議に花を咲かせていました。それを内々で「銀ブラ」と称したのだそうです。つまり、銀座カフェーパウリスタの「銀」とブラジルコーヒーの「ブラ」をとって「銀ブラ」となります。

ブラジル移民の父、水野龍。
株式会社カフェーパウリスタ提供

高級な洋酒や洋食ではなく安いコーヒーがメニューの中心で、コーヒー一杯の客も歓迎したパウリスタは人気店となり、日本全国に支店を出します。日本初の喫茶店こそ逃しましたが、日本初の喫茶店全国チェーンとなったのです。

そして、パウリスタのスタッフからはのちのキーコーヒーや松屋珈琲店の創業者など、コーヒー業界の先駆者たちが多数輩出しました。

なお、1923年の関東大震災で被害を受けて店はいったん閉店し、経営の主軸をコーヒー豆焙煎卸に移しました。これが現在の日東珈琲です。日東珈琲は1970年、銀座に「カフェーパウリスタ銀座本店」を再建し、現在も営業しています。興味のある方はこちらもぜひ。

特殊喫茶と純喫茶

プランタンは女性が給仕することが特徴で、「女給」という言葉を生みました（パウリスタは男性の給仕を置いていました）。女給がコーヒーのみならず、お酒の相手をしてくれるのです。それもあって、当時の文化人たちはここで派手に遊んでいたようです。

１９２０年代以降になると女給が接待する水商売系のカフェーが増えていきます。太宰治『人間失格』には、主人公の大庭葉蔵がカフェーに頻繁に通い、ある銀座のカフェーの女給と心中を図ろうとするシーンがあります。このカフェーは明らかに水商売系で、女給はホステスのような役割でした。そのほか明治から昭和初期の文学作品にはこういったカフェーと女給が多数出てきます。いまでいう「カフェ」とは伸ばし棒があるかないかの違いですが、全然違いますね。

もちろん、お酒と女給が目当てのカフェーとは一線を画し、コーヒーと軽食だけを扱う本格店もありました。１９３０年頃にはさらにカフェーが増え、サービスがエスカレートしていくうちに、「**特殊喫茶**」「**純喫茶**」という区分ができます。お酒と女給のサービスメインのカフェーは「特殊喫茶」、純粋にコーヒーを楽しむカフェが「純喫茶」と呼ばれるようになります。

いまでは「純喫茶」という言葉だけが残り、「特殊喫茶」という言葉は死語になっていますが、メイドカフェは現代に残る特殊喫茶と言ってもいいかもしれません。

日本の喫茶店が重視した「美味しいコーヒーを淹れること」

1930年代にも一気に喫茶店が増えましたが、**日本史上最大の喫茶店ブームは1970年代**に起きました。脱サラして喫茶店を開業する人が増え、家族・個人経営の喫茶店が乱立します。**1981年にはなんと15万軒を超える**ほどにもなりました。2022年におけるコンビニの店舗数が5万7000くらいですから、15万という数字がどれだけすごいかわかるのではないでしょうか。

それだけの数の喫茶店があれば、当然ながら競争になります。他店と差別化するため、店独自の内装やコーヒーの品質にも力を入れるようになりました。コーヒーの抽出に力を入れ、「美味しいコーヒーが飲める店」として人気を得ようとした人たちも少なくありませんでした。ペーパードリップ、ネルドリップ、サイフォンといったそれぞれにこだわった抽出方法で、さまざまな豆を揃《そろ》え、注文を受けるたびに一杯ずつ淹れるというおもてなしを追求しました。

実はこれがちょっとおもしろいところなのです。それまで、歴史的に見るとコーヒーハウスやカフェは人々の交流の場としての機能が重視されてきました。言葉を選ばずに言えば、コーヒー自体の美味しさは二の次だったのです。しかし、日本の喫茶店ブームでは「美味しいコーヒーを淹れること」に注力する店が増えたわけです。

第2章でまたお話ししますが、日本独自に花開いた喫茶店文化は、世界のコーヒーにも影響を与えていくことになります。

平成のカフェブーム

1990年代には新たな「カフェブーム」が起こりました。

昭和の喫茶店とはまた違う、欧米のカフェを模したオープンカフェが流行します。テレビや雑誌でカフェ特集が組まれ、おしゃれなカフェが人気になりました。話題のカフェを調べて出かける「カフェめぐり」という言葉も生まれ、カフェめぐりのための本や雑誌も

スターバックス コーヒー 銀座松屋通り店（開店当時）。

発行されるようになりました。

象徴的なのは、１９９６年、アメリカはシアトルからの「スターバックス」の上陸です。1号店は銀座の松屋通りにオープンしました。これにより、エスプレッソをベースにした「ラテ」や「キャラメルマキアート」などの新しいコーヒーの飲み方が日本でも広く浸透していくこととなりました。

また、実はそれより2年前の１９９４年4月には、すでに日本のジャワトレーディングインターナショナルが、スターバックスなどアメリカのコーヒーショップに倣い、コーヒーショップ「ＪＡＶＡ」の1号店をオープンさせています。

ＪＡＶＡはアラビカ種１００％のエスプレッソを提供するスタイルの先駆けであり、カフェモカやフレーバードラテはもちろん、いまでは当たり前になっている「カフェラテ」という呼称も国内ではここから広がっていきました。

さらには、お持ち帰り用の「蓋に飲み口の穴が開いた紙カップ」というスタイルも、JAVAが日本における先駆けです。当時はあまり見られなかった、歩きながらコーヒーを飲むという習慣もここから広がりを見せます。

JAVAは訓練されたバリスタを店に置いたのも特徴です。この点もスターバックスなどの方式を持ち込んだ日本での先例です。

サードウェーブとは何か？

世界史、日本史と1990年代までの流れを追ってきましたが、最後に近年のコーヒー史を表す「サードウェーブ」という言葉を紹介しておきましょう。

近年のコーヒー業界では「ファーストウェーブ」「セカンドウェーブ」「サードウェーブ」というキーワードがよく登場します。コーヒー業界の流行の波を表す言葉で、名づけたのはトリシュ・ロスギブ。アメリカで人気のロースター「レッキンボール」のオーナーであり、コーヒーのプロフェッショナル。私の知人でもあります。

アメリカのコーヒー業界から見たひとつの時代区分に過ぎないので私自身はあまり重要視していませんが、わかりやすいので広告的効果も狙ってか、「サードウェーブ」という言葉をよく耳にします。何をもってサードウェーブと呼んでいるのか、最低限理解しておきましょう。

ファーストウェーブ――大量生産・大量消費時代
19世紀後半~1960年代
アメリカの起業家たちがコーヒー業界に参入。安いコーヒーを大量に販売することができるようになった。コーヒー豆を真空パックで保存する方法が開発されたり、インスタントコーヒーも発明されたりと技術の進展が目覚ましかった。同時に、品質が落ちた時代。消費者からの批判も出るようになっていた。

セカンドウェーブ――コーヒーチェーンのブランド化
1960年代~1990年代
消費者の信頼を失うことに危機感を持った人たちが起こした波。具体的には、1970年代に立ち上がったシアトル系と呼ばれるカフェ群が該当する。おしゃれなデザインや、カスタマイズなど、ファーストウェーブの「安かろう悪かろう」ではないブランド志向が特徴。エスプレッソをベースにした「ラテ」など新しい飲み方の提案をし、グローバルに大ヒットした時代。

サードウェーブ――コーヒーそのものの品質を重視

1990年代後半以降

スペシャルティコーヒーと呼ばれる、品質の高いコーヒーを志向するムーブメント。セカンドウェーブはアレンジによる美味しさを重視するのに対して、サードウェーブは豆そのものを重視する。品質のよいコーヒー豆を追い求める結果、生産者とリテールのダイレクトトレードが行われるようになり、豆の出自や運送の透明性（トレーサビリティ）が高まった。

とくにアメリカでは、品質のよい豆を一杯一杯丁寧に、というニーズから、ドリップコーヒーがサードウェーブ系コーヒーショップの主流になりました。日本では一般的なドリップコーヒーですが、実は世界で主流とされる飲み方ではなかったのです（逆に日本ではサードウェーブに合わせてフレンチプレスが広まるというおもしろい逆行が見られました。飲み方の歴史については、次章にて紹介します）。

東京の「清澄白河フラッグシップカフェ」がブルーボトルコーヒーの海外初出店。
青いボトルのロゴが印象的で、上陸は大きな話題を呼んだ。

ちなみにサードウェーブという言葉が日本の一般層にも広まったのは、「ブルーボトルコーヒー」の日本進出がきっかけでしょう。ブルーボトルコーヒーは確かなPRでサードウェーブの語を広めました。

サードウェーブという言葉が、1990年代後半以降のスペシャルティコーヒーの動きと紐《ひも》づいていることを覚えておいてください。スペシャルティコーヒーとは何かについては、あらためて第4章で詳しく解説したいと思います。

2

コーヒーの飲み方の奥深い歴史

前章で見てきたようにコーヒー自体の歴史は古く、昔から活用されてきました。ただし、現在のように焙煎した豆を煮出して飲むという飲み方がされるようになったのは15世紀頃と言われています。コーヒーが現在の飲み方にたどり着くまでには、先人たちの試行錯誤があったのです。

本章ではコーヒーの飲み方にフォーカスし、誕生から現在までどのように多様な飲み方が生まれてきたのかを見ていくことにしましょう。

コーヒーは食べ物だった！

人類最初のコーヒーは、飲み物ではなく「食べ物」だったかもしれません。

エチオピア最大の民族、オロモ族は5000年以上前からコーヒー豆を携帯食にしていたという話があります。煎《い》って潰したコーヒー豆をバターと混ぜて団子状にしたもので、「エナジーボール」という通称があるようにエネルギーとカフェインたっぷりの食べ物です。これを戦いの際に持ち歩き、活用したというのです。

現在もオロモ族の一部には「**ブナ・カラー**」という名で、この風習が伝わっているそうです。

ほかにもエチオピアでは、さまざまな民族が多様なコーヒー利用法を持っています。たとえば豆を薬として使う、果実を野菜として料理に使う、干した果実を炒めて食べるなどです。

コーヒーノキになる実は熟すと真っ赤になり、サクランボのような見た目で「**コーヒーチェリー**」と言われています。身近にあったこの果実を美味しそうに思って食べるのは想像しやすい光景ですね。

実際にオロモ族が５０００年以上前から「エナジーボール」を食べていたかどうかはさておき、コーヒーノキが自生していたエチオピアで、最初に「食べた」ということ自体は納得ができます。

逆に、現代の私たちがコーヒーチェリーそのものを食べないのはなぜでしょうか。

果実部分はポリフェノールや鉄分、ビタミンAなど栄養もたっぷりで、スーパーフルーツとも言えます。ただ、実物を見るとよくわかるのですが、そもそも果肉部分は非常に少なく、これを食用にすることは難しいのです。生産者たちが食べることはあっても、コーヒー豆になる種子以外は廃棄しています。

ただ近年はＳＤＧｓの観点からも、この果実と果皮を利用しようという動きがあります。ジャムにしたり乾燥させてお茶にしたりして、販売されているものもあるので、興味のある方は探してみてはいかがでしょうか。

イエメンに残る飲み方「ブン」と「キシル」

さて、15世紀頃にはイスラム世界で「コーヒーのカフワ」が飲まれていたという話はしましたね。この「コーヒーのカフワ」には2種類あります。「**ブン**」と「**キシル**」です。「ブン」は、コーヒー豆を果実ごと炙《あぶ》って煮出した飲み物。もうひとつの「キシル」は、コーヒーの果実を乾燥させたときにできる、果肉とパーチメント（皮殻）がくっついたものを煮出して作る飲み物です。

つまり、「ブン」はコーヒー豆＋果肉、「キシル」は果肉＋皮殻を煮出した飲み物であり、現在のように豆だけを煎って煮出す飲み物ではありませんでした。イエメンで「コーヒーのカフワ」が広まる過程でブンが優勢となり、さらにかたちを変えてコーヒー豆だけを使う現在のいわゆるコーヒーになっていったと考えられています。

ブンとキシルはどのような味だったのでしょうか？

想像するしかありませんが、果肉部分を使っているため、いまよりもフルーティーだったのではないかと思っています。

なお、現在もイエメンにはブンとキシルの両方が、若干かたちを変えて残っています。現代のブンは、果実を使わず豆だけを煮出して作るコーヒーです。浅煎りの豆とカルダモンなどのスパイスを煮込んで作ります。

キシルは、乾燥させたコーヒーの果肉と皮殻部分をショウガやシナモンなどのスパイスと一緒に煮出し、砂糖を入れて甘くした飲み物です。コーヒーより安く、手に入りやすいためイエメンでは人気だそうです。

私も一度飲んでみたいと思っていますが、イエメンは情勢がなかなか安定せず残念ながらまだ現地に赴くことができていません。

●●● コーヒーを変えた「焙煎」の発明

ブンやキシルは果肉や豆を煮出していました。それが、いつからか豆だけを取り出して熱を加え、水分を飛ばす工程が加わるようになります。これが「**焙煎**」です。**焙煎によってコーヒーの香りや風味が引き出される**のです。現代の私たちにとっては、焙煎したものこそがコーヒーですよね。豆に火を加える、焙煎のきっかけは何だったのでしょうか。焙煎をいつ誰が始めたのかについては、残念ながら記録に残っていません。山火事などで偶然にコーヒーの実が燃え、いい香りがしていたためそれを試したのがきっかけだったのではないかと言われています。焙煎用に使われたと思われる、1400年代の器具が発掘されているので、その頃には焙煎されていたのでしょう。

初期の焙煎に使われていたのは素焼きの土器で、直火《じかび》で豆を煎ったようです。その後は金属の鍋とかきまぜ棒が使われました。

1670年にオランダで考案された焙煎機は、鉄板で作った円筒形の窯（ドラム）を火にくべてグルグルと回せるようにしたものです。このタイプの焙煎機がヨーロッパとアメリカで19世紀後半になるまで活躍しました。

現代につながる焙煎機は1864年、アメリカのジャベズ・バーンズが作った「取り出し口」をつけた円筒形ドラムの焙煎機です。これによって、毎回かまどからドラムをおろすことなく、取り出し口から焙煎した豆を取り出せるようになり、大量焙煎が可能になりました。この方法は現在も使われています。

このバーンズ式焙煎機の登場によって、大規模な焙煎を行う会社ができます。そして19世紀後半以降のコーヒー大量消費を支えることとなりました。

●●● ユネスコ無形文化遺産にもなったトルコ式コーヒー

「焙煎した豆から抽出したコーヒー」の飲み方の元祖は、**トルコ式コーヒー**（ターキッシュコーヒー）です。オスマン帝国でコーヒーが広がり始めた16世紀初頭にその製法が確立されたようで、現地での実態は17世紀フランスでも伝えられています。

淹れ方はこうです。

じっくり焙煎した豆をくだいて粉にし、**ジェズベ**という小鍋に水と一緒に入れます。ジェズベを熱した砂の上に置き、泡が立つまで煮立ててから、ろ過せずにカップに注ぎます。粉が沈んだら、上澄み液を飲みます。たったのこれだけ、単純な手順です。熱した砂を使う点が個性的で、目を引きます。簡易的には、ジェズベを火にかけるのでもかまいません。

国によって「ギリシャ・コーヒー」（ギリシャ）や

日本でも売られているジェズベ。イブリックとも呼ばれる。これひとつでコーヒーが出来上がる、単純な器具だ。

「カフワ・アラビーヤ」（アラブ諸国）など呼び方が変わりますが、いまも多くの人々に愛されている飲み方です。

なお、トルコ式コーヒーをはじめとするトルコのコーヒー文化は**「トルココーヒーの文化と伝統」として、日本の「和食」とともに2013年にユネスコの無形文化遺産に登録**されています。

コーヒーの抽出方法：浸漬法

豆からコーヒーを抽出する方法でいうと、もっとも古いのは豆をそのまま「煮出す」方法です。かつてのブンやキシルはコーヒーの実を煮出した飲み物でした。トルコ式コーヒーも、小鍋に入れた粉を水から火にかけて煮出していますから煮出し式です。これらは現在のコーヒーと味が違うだけでなく、粉と抽出された液体が容器の中で分離されないので、飲みにくいという難点もあります。

現在のコーヒーの抽出方法は、大別すると「**浸漬法**《しんしほう》」と「**透過法**《とうかほう》」の2つになります。

「浸漬法」はコーヒーの粉をお湯に浸《つ》け込むことで抽出する方法。
「透過法」は重力や圧力を利用し、コーヒーの粉の層にお湯を通すことで抽出する方法です。

　歴史を見ると、18世紀半ば頃にフランスで抽出器具の試行錯誤が始まったようです。当時、一般的だったトルコ式コーヒーは、小鍋で一杯ずつ煮出すのならいいのですが、カフェで大量にコーヒーを作る必要がある場合には向いていませんでした。加熱を続けたり作り置きしたりすると味が落ちるからです。大量に美味しく提供するために、粉をお湯に浸けて抽出する浸漬法が出てきたのです。

　1763年にドン・マルタンという人が発明した抽出器具は、陶器製のポットの内側にコーヒーの粉を漉《こ》すことができる袋を付けたものです。粉をお湯に浸けたあと、漉し袋を通してコーヒー液のみを取り出します。

　このドン・マルタンのポットがその後、現在の浸漬法の代表的な抽出器具である**フレンチプレス**につながっていきます。フレンチプレスは、コーヒーの粉を一定時間お湯に浸けておくことで成分を抽出し、下に沈んだ粉を金属のフィルターで押し下げて閉じ込めることによって上澄み液を取り出すという構造の抽出器具です。日本では紅茶専門店などでよく見るティープレスとして馴染みがありますね。家庭にある方も多いのではないでしょうか。

フレンチプレスの原型は、1852年にフランス人の発明家（マイヤーとデルフォーグ）によって特許が取得されています。その後デザインの改良が続けられ、1935年には、ブルーノ・カソルが改良版の特許を取得。この特許により、カラフェ（容器）の縁に沿うように設置されたバネと、そのバネを覆うスチール製のガーゼフィルターが導入され、カラフェ内を効果的に密閉することができるようになりました。

この設計が今日まで続くフレンチプレスのスタンダードです。1958年にはファリエロ・ボンダニーニがさらに改良を加えたものがフランスで生産されるようになり、ヨーロッパ中に広がっていきました。

フレンチプレスはいまも欧米の家庭用コーヒー抽出器具として人気です。分量さえちゃんと量れば、とくに技術も必要なく手軽にコーヒーを楽しめるのです。味が一定するという利点が、日本で一般的なドリップ式に勝る点です。

フレンチプレスのほか、サイフォンなどが浸漬法にあたります。

喫茶店で見栄えのよいサイフォン。サイフォンでコーヒーを淹れるプロをサイフォニストと呼ぶ。

フレンチプレス。ドリップのように細かなテクニックが不要で、とにかく簡単に淹れられる。

コーヒーの抽出方法:透過法

ナポレオンが失脚し、大陸封鎖令が解かれたことでヨーロッパ中の人たちが熱望していたコーヒーを飲めるようになり、ヨーロッパでコーヒーブームが起きている頃。最新の抽出方法として注目を集めたのが、「透過法」の代表、**ドリップ式**です。

1800年頃にパリのドゥ・ベロワという人が発明したドリップ・ポット（ドゥ・ベロワのポット）は、上下2段に分かれたポットで、上のポットに小さな穴をたくさん開け、下段に抽出液を流していくもの。ドリップ式の原点といえる発明です。ドゥ・ベロワのポットは、このコーヒーブームにおいて高い評価を受けました。

浸漬法の「フレンチプレス」も透過法の「ドリップ」も原型がフランスで生まれたというのが興味深いですね。コーヒーの美味しさを追求する美食家が多かったのでしょうか。

ドリップ式のほか、エスプレッソやマキネッタが透過法にあたります。

世界のコーヒーの主流はエスプレッソ

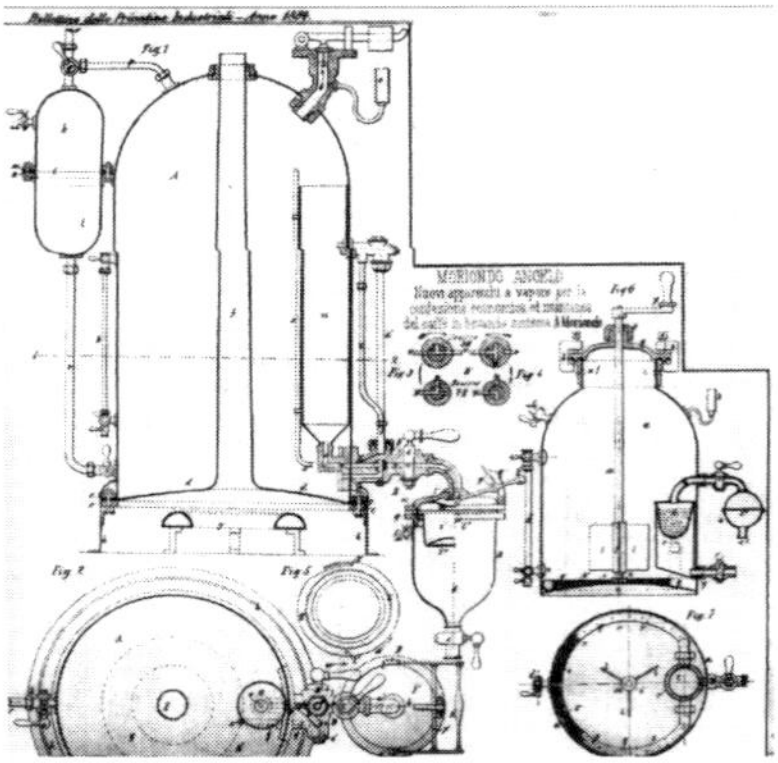
モリオンドの特許図面。

日本ではコーヒーといえばドリップコーヒーです。

しかし、現代の世界の主流は、実はエスプレッソ。

エスプレッソは、粉を押しかため圧力をかけて抽出する方法です。短時間で一気に抽出するため、雑味成分が少なくコーヒー本来の味が楽しめます。液体の濃度が高く、ドリップコーヒーの10倍近くになる場合もあります。

私がアジア人初の優勝を果たした「ワールド・バリスタ・チャンピオンシップ」でも、世界のバリスタたちはエスプレッソでその技を競います。

マキネッタの仕組み

フラスコに水、バスケットにコーヒー粉を入れてカップで蓋をしたマキネッタを、そのまま下から熱すれば上のカップにコーヒーが抽出される。

エスプレッソの原型が生まれたのは1884年。イタリアの実業家アンジェロ・モリオンドが、蒸気を利用してコーヒーの抽出時間を短くする機械を作ったことがきっかけとなりました。**モリオンドは自分のカフェで、大勢のお客さんにスピーディーに対応するためにこの機械を開発**したのです。

モリオンドの機械を改良し、工場での生産に踏み切ったのがルイジ・ベッツェーラです。1901年にエスプレッソマシンを市場に送り出しました。そしてイタリア全土に一気に普及していきました。

エスプレッソといえば**マキネッタ**の存在も外せません。

１９３３年、アルフォンソ・ビアレッティが直火式のエスプレッソメーカー、マキネッタを発明しました。これにより、エスプレッソを自宅でも楽しめるようになったのです。ビアレッティが設立した会社ではこれを「モカエキスプレス」と名づけて販売したので、イタリアではマキネッタといえばモカエキスプレスのことを指すと言っても過言ではありません。イタリアの家庭には必ず一台あるという、人気のコーヒーメーカーです。

シアトルで発展したエスプレッソ

エスプレッソはストレートで飲むほかにもさまざまなアレンジがあります。

小さめのデミタスカップ（フランス語で「半量＝小さめのカップ」という意味）で、少量の砂糖を加えて飲むのがイタリア式ですが、エスプレッソをカフェラテやカプチーノ、キャラメルシロップやチョコレートシロップを使ったフレーバーコーヒーにして飲むのがシアトル系。イタリアのエスプレッソがアメリカに渡り、ワシントン州シアトルを中心に発展したものです。

カフェラテは、エスプレッソにスチームミルク（空気をふくませながら温めた牛乳）を合わせた飲み物です。

よく似たものにカプチーノがありますが、エスプレッソにスチームミルクを加え、さらに空気を混ぜ込んで泡立てたフォームドミルクを加えるのが一般的です。カプチーノは空気の量が多めなので飲み口はふんわりします。

ちなみに、「カフェオレ」はエスプレッソでなくドリップ式コーヒーにミルクを合わせたものなので、作り方がまったく違います。

ただ、これらの名前は地域や店舗によってズレがあります。たとえば、店によってカプチーノをカフェラテとしているところも、その逆もあります。あくまで参考程度の知識としてとどめておくくらいがちょうどよいでしょう。

カフェラテもカプチーノも、ミルクの白とエスプレッソの濃い色とのコントラストを利用して表面に絵を描くことができます。これが「ラテアート」です。

ラテアートが初めて描かれたのは1985年イタリアのバールでのことでした。それがシアトル系コーヒーショップで流行し始め、世界中に広まりました。簡単な文字から、ハートやリーフといった模様、動物、キャラクターといった難しい造形まで……。見た目にも楽しく、SNSでバズることもよくあります。

カフェオレが誕生した意外な理由

コーヒーにミルクを合わせるようになったのは、17世紀のこと。フランスの著名な医師、シュール・モナンが薬として用いたのが最初だと言われています。

当時のフランスでは、「コーヒーは体に悪い」という迷信が広まっていました。もともとイスラム世界の飲み物であったことから「異教徒の飲み物」というイメージもありましたし、コーヒーが一気に広まっていくのを快く思わなかったワイン商たちが、医師たちに依頼してコーヒーの健康への悪影響を主張したとも言われています。明確な根拠はないのですが、体に悪いと信じた人たちは大勢いました。

そこで**モナンは、「フランスの美味しい清純なミルクと合わせればコーヒーの毒性は消え、健康によい」と言ってカフェオレを推奨した**のです。ミルクと砂糖を入れたコーヒーを飲むと、実際に元気になった感じがしたことでしょう。飲みやすさもあって、一般にもカフェオレが広まっていきました。

●●● 日本で花開いたドリップコーヒー

先ほどもお伝えしたように、現代の世界で主流なのはエスプレッソであり、ヨーロッパの家庭で手軽に楽しめる抽出器具としてはエスプレッソメーカーの「マキネッタ」や浸漬法の「フレンチプレス」が一般的です。

一方、日本ではドリップコーヒーが人気になりました。日本の家庭で淹れるコーヒーといえば、普通、ドリップコーヒーが想起されるでしょう。とくに、粉を入れた紙製のフィルターを専用のドリッパーにセットしてお湯を注ぐ「**ペーパードリップ**」がもっともポピュラー。ドリップコーヒーの器具メーカーで有名な「ハリオ」も「カリタ」も日本の企業です。

日本独自の喫茶店文化の中で進化したのが「**ネルドリップ**」です。昔ながらの喫茶店で、ペーパーの代わりに「ネル（フランネル）」という布素材をフィルターとして使っているのを見たことがある人もいるのではないでしょうか。紙なら吸収してしまうコーヒーオイルも抽出されるため、トロリとした質感と甘みが出るとされています。

ネルフィルターは水に浸けて冷蔵庫で保管するなど、管理に手間がかかりますが、日本

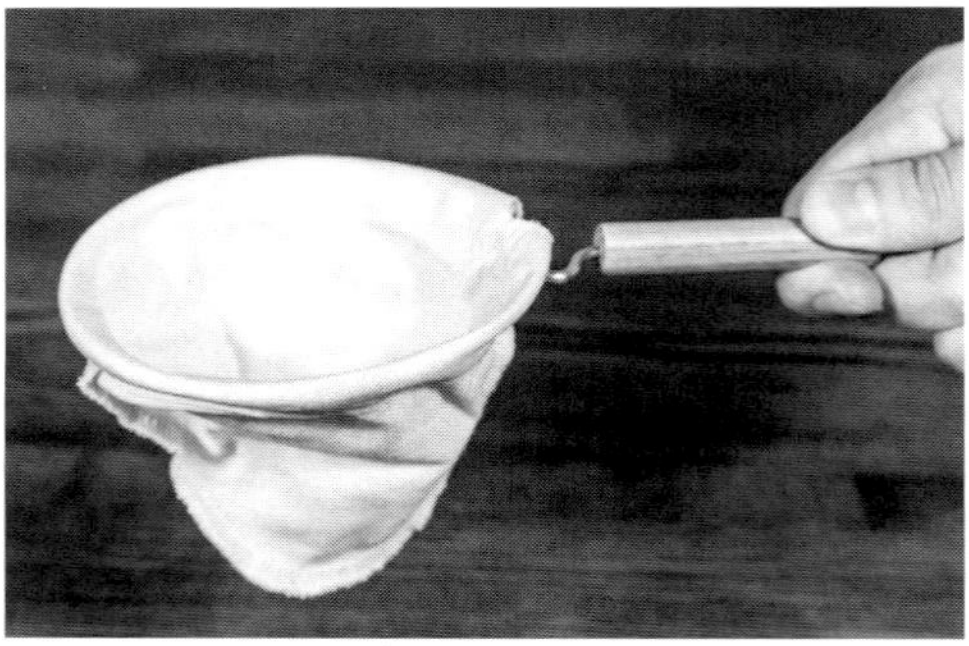

ネルフィルター。使いこめば使いこむほどにコーヒーの茶色に変色していく。

の喫茶店ではよく見かける抽出方法です。古くからのコーヒー愛好家の中には、家庭でも自分のネルフィルターを「育てて」いる人も少なくありません。しかし、ほかの国でネルドリップを見かけることはほとんどありません。

ネルドリップが手間を愛されるのに対して、手軽さを追求したドリップもあります。一杯分ずつ個包装され、お湯を注ぐだけで手軽にコーヒーを楽しめる「ドリップパック（バッグ）」は日本発の商品です。海外ではほとんど見かけないので、日本を訪れた外国人には驚かれます。

長らく日本独自の文化で、海外には通用しないと見られていたドリップパックですが、２０１６年以降、アメリカでは「NuZee Inc.」という会社が手掛けるドリップパックが広がっています。この「NuZee Inc.」は日本人がアメリカに渡って創業した企業で、ナスダック上場も果たしました。

ペーパードリップからネルドリップ、ドリップパックまで。ドリップという抽出方法はヨーロッパで生まれたものの、日本で花開いたと言っても過言ではないと思います。

ドリップが愛される理由――コーヒーと禅

ドリップコーヒーは、手作業で丁寧に淹れるコーヒーです。お湯を細く注ぎ、蒸らしてコーヒーの成分を充分に引き出します。本抽出も2〜3回に分け、時間をかけて抽出していきます。エスプレッソのように短時間で一気に抽出する方法とは全然違うわけです。

これが日本にはフィットしたのでしょう。

私は、**ドリップコーヒーには茶道や禅に通じるところがある**と思っています。ドリップでコーヒーを淹れる動きには、儀式的な要素を感じることができるからです。飲む前にゆっくりと決まった動きをすることで、心が落ち着き、目の前のものに集中できるのです。

スーフィーの儀式での使用、コーヒーハウスでの自由闊達《かったつ》な議論などの歴史を見ても、**コーヒーの本質的な価値は「精神の解放」**にありました。日本のドリップ式コーヒーは、カフェインの覚醒作用に加えて、面倒な手順を追うことで精神の解放に到達できる貴重な体験だと考えています。

大坊珈琲店、店内。コーヒーを淹れているのがオーナーの大坊氏。
©2014 Avocados and Coconuts. ©2015 mejirofilms

イスラム教がコーヒーを生んだのと同様、日本においては人々の内なる心にあった禅の精神がコーヒーと結びついたというのが私の見解です。職人気質を持つ純喫茶のマスターが嗜むには、ドリップ式がうってつけだったのです。

サードウェーブが日本のドリップ式に惹《ひ》かれたのは、本人たちがどう思っているかはさておき、そこに日本独自の美意識を見たというのがあるのではないでしょうか。

「ブルーボトルコーヒー」の創業者、ジェームス・フリーマンは、そんな日本の喫茶文化に感銘を受けたひとりです。ブルーボトルコーヒーの日本進出にあたり、数々の日本の喫茶店を訪れた彼は、一杯ずつ丁寧にドリップする姿に感動しました。そして、新しい店づくりに活かしたといいます。

とくにお気に入りだったのが東京・表参道の名店「**大坊珈琲店**《だいぼうコーヒーてん》」です。残念なことにビルの取り壊しにより2013年に営業を終了してしまいましたが、一杯ずつ丁寧に淹れたネルドリップコーヒーの味わいとくつろぎの空間で多くの人を魅了しました。

サンフランシスコ在住のCMクリエイター、ブランドン・ローパー監督によるドキュメンタリー映画「A Film About Coffee」には、大坊珈琲店で美しい所作でドリップする、オーナーの大坊氏の姿が長回しされています。

日本の明治時代に生まれたアイスコーヒー

日本が独特なのは、コーヒーの抽出にドリップ式を選んだことだけではありません。コーヒーの飲み方、活用法にも独自のものがあります。

たとえばアイスコーヒーも、日本らしい飲み方です。海外では、コーヒーといえばホットが基本。しかし、日本では夏場だけでなく、年間を通してアイスコーヒーが一般的な飲み物として流通しています。

アイスコーヒーがどこで発祥したのかは、はっきりとはわかっていません。1800年代にフランスの植民地となっていたアルジェリアで、「**マサグラン**」という飲み物があり、これがルーツだというのが一説です。ただし、マサグランは熱いコーヒーに水を入れてはいるもののリキュールも入っており、コーヒーというよりもアルコール飲料です。マサグランをアイスコーヒーと言っていいのかどうかは微妙なところです。

いずれにしても世界では、コーヒーを冷たくして飲むということが一般的ではありませんでした。

一方、日本では明治時代にすでに「氷コーヒー」というメニューがありました。コーヒーを飲む習慣が生まれてすぐに、冷やして飲むことも始めたのでしょう。編集者の石井《いしい》研《けん》堂《どう》が同時代に生まれた文化を集めて記した『明治事物起原』の中に、その記述があります。それによると、１８９１年（明治24年）に東京・神田の氷屋が「氷コーヒー」を販売していたようです。

氷屋さんの氷コーヒーというと、氷たっぷりのかき氷的なものを想像するかもしれません。ところが違うのです。氷でコーヒーが薄まるのを防ぐため、ビンに入れた状態で氷や井戸水に漬けて冷やした飲み物でした。サイダーなどと同じように、氷で冷たく冷やした飲み物を販売していたわけです。この方式のアイスコーヒーは日本発と言っていいでしょう。

その後アイスコーヒーは、カフェーの「冷やしコーヒー」として定着していきます。**欧米ではかつて一般的でなかったアイスコーヒーですが、スターバックスをはじめとする大型チェーンのアイスコーヒー展開ですっかりポピュラーに**なっています。日本人の感覚では普通の飲み方ですが、実は「新しい」のがアイスコーヒーなのです。

●ダッチコーヒーがキョートコーヒーに

冷たいコーヒーを飲むには、抽出したコーヒーを冷やす「アイスコーヒー」だけでなく、そもそも水から抽出する「水出しコーヒー」もあります。

そのルーツはインドネシアの「**ダッチコーヒー**」だと言われています。**ダッチコーヒーは、コーヒーの粉の中に水を一滴ずつ落として時間をかけて抽出していく**方法。これも日本の喫茶店では専門器具を見かけます。点滴のようにポタポタとコーヒーができていく様子をあなたも見たことがあるかもしれません。抽出に時間はかかりますが、スッキリした味わいのコーヒーができます。

ダッチとは「オランダの」という意味です。戦前オランダの植民地だったインドネシアで発明されたのでこう呼ばれています。インドネシアで栽培されている「ロブスタ種」のコーヒーは苦みが強いため、その苦みをおさえる抽出方法として水出しを考案したようです。当時は、木の枝などにコーヒーの粉と水を入れた袋をつるし、下に置いた容器でコーヒー液を受け止めていました。

このやり方をヒントに、ダッチコーヒーは日本で広がりました。名前の印象から、オランダの飲み方なのではと思う人もいますが、あくまでインドネシア発祥であり、本国オランダでは一般的ではありません。

日本では、昭和30年頃（1950年代）、京都の喫茶店「はなふさ」のマスターが、本に書かれたインドネシアの淹れ方を知り、再現に取り組んだのが最初です。京都大学の学生に協力を仰ぎ、医療器具専門店で制作したのが、専門抽出器具「**ウォータードリップ**」。いまでは類似の家庭用器具が多く出ています。

この京都で進化したダッチコーヒーは、2012年に『Coffee Life in Japan』（メリー・ホワイト著、邦題：『コーヒーと日本人の文化誌』、2018年刊）という本で紹介されて以降、「キョートコーヒー」と呼ばれ、アメリカでも水出しコーヒーが流行するようになりました。

近年よく聞く「**コールドブリュー**」も、水出しコーヒーの一種です。低温で抽出されたコーヒーを指しているので、水を一滴ずつ滴下するダッチコーヒーの抽出と同じとは限りません。コーヒーの粉を水に浸け込んで抽出するタイプもあります。

いずれにしても、熱を加えることなく時間をかけて抽出したものであり、ドリップコーヒーを冷やした「アイスコーヒー」とはまた違った味わいが生まれます。

食べるコーヒーの再発明

アイスコーヒー同様、**コーヒーゼリーも日本で生まれた**ものとされています。日本のカレーがインドカレーとは別物になっているように、開国以来、輸入されたコーヒー文化も、日本独自のものへと変化していったのです。

「コーヒーは苦手でもコーヒーゼリーは好き」という人も多いコーヒーゼリーは、1914年4月3日付の読売新聞家庭欄で初めてレシピが紹介されました。コーヒーとゼラチンがあれば作れるシンプルなデザートでありながら、コーヒーの苦みと冷たいゼリーの舌ざわりのコラボレーションが新しい感覚を生み出します。家庭で作れるおしゃれなデザートになったのです。

ただ、日本で初めて思いついたというわけではなく、1800年代にアメリカやイギリスでレシピとしては存在していたようです。しかし、そちらでは広がらず、日本で発展したということは言えるでしょう。

日本の喫茶店メニューに初登場したのは1963年。「**ミカド珈琲**」の軽井沢店でメニューに登場した、その名も「食べるコーヒー」がコーヒーゼリーの元祖です。店内では一日100個の限定販売が売り切れるほどの人気を呼び、持ち帰り用にも販売していたようです。

ミカド珈琲 日本橋本店のコーヒーゼリー。

もともとは食べ物だったコーヒーが長い年月をかけて現在にも通じる飲み物になり、またコーヒーゼリーのように食べ物に戻る例があるのは歴史を感じておもしろいですね。

ちなみにミカド珈琲は1948年東京、日本橋創業。現在の日本橋本店で出されているコーヒーゼリーが当時のものにもっとも近いらしいので、興味がある人は食べに行かれてはいかがでしょうか。また、コーヒーゼリーが登場した当時の軽井沢店を引き継ぐかたちで、いまも軽井沢に複数の店舗があります。

その後、1970年代には、コーヒーゼリーは一般のスーパーで見かける定番商品になりましたが、いまでも海外には広がっていません。ドリップ式やドリップパック、アイスコーヒーのように、コーヒーゼリーも世界へと飛び出す未来があるかもしれません。

3

コーヒーが届くまでの裏側

コーヒーはどのように栽培され、どのように消費国へ届いているのでしょうか。届くまでのプロセスの中に、コーヒーの品質や価格を決める、ほかのビジネスにも通じる要素がたくさん詰まっています。もちろんコーヒー選びにも役立ちますし、楽しみが増えるのではないでしょうか。

本章では、コーヒーが届くまでにどのような経過をたどるのかをお話しします。

●●● コーヒーノキとはどんな植物なのか？

あらためてお話しすると、コーヒー豆は植物の種子です。では、コーヒーノキとはどんな植物なのでしょうか。

コーヒーノキは一年を通して緑の葉をつける低木の常緑樹です。野生のものは10mを超える場合がありますが、農園では収穫時の利便性を考慮して2mほどの高さで剪定《せんてい》していることがほとんどです。

白い小さな花が咲き、その香りはジャスミンのようです。その後、「コーヒーチェリー」と呼ばれるサクランボに似た赤い実をつけます。この実の中に入っている2粒の種子が、私たちが飲用する「コーヒー豆」になります。

平均的なコーヒーノキの寿命は30年程度。寿命の長い木は80年くらい生き、原生林の中には100年以上生きている木も存在しているようです。

ただ、その寿命の間ずっとコーヒーチェリーが実るわけではありません。収穫できる実をつけるようになるまでには、種子を植えてから3～5年かかります。収穫量のピークは6～10年であり、ピークを過ぎると徐々に減っていくのが一般的です。

一本の木から収穫できるコーヒーチェリーは、品種によって違いはありますがだいたい3kg前後です。これをコーヒー豆として出荷できる状態にし、焙煎すると約400gになります。コーヒーを一杯淹れるのに8g使うとして50杯分になります。

コーヒーの三大栽培原種とユーゲニオイデス

コーヒーノキには実は多くの種が存在しています。葉や果実の形状も、種によって違いがあります。約130種の中で、現在、飲用のために栽培されているのは3種です。「**アラビカ種**」「**カネフォラ種**」「**リベリカ種**」で、これを「**三大栽培原種**」と呼んでいます。

「アラビカ種」は私たちが普段飲んでいるコーヒーのメインであり、コーヒーノキの代表です。アラビカ種の中に、「ティピカ」「ブルボン」「ゲイシャ」など一般によく知られているさまざまな品種があります。品種によって風味特性に違いがあり、それぞれの味わいを楽しむことができます。

「カネフォラ種」の中で流通しているのは、「**ロブスタ**」です。ロブスタは苦みが強く、アラビカ種に比べて品質が劣ると言われています。しかし、病害に強く、生産が比較的安定しています。そのため缶コーヒーやインスタントコーヒーなど、継続的に大量の豆を必要とする商品によく使われています。

「リベリカ種」はフィリピンやマレーシアで生産されていますが、生産量が非常に少なく、日本ではあまり馴染みがありません。

基本的に世界に流通しているのは「アラビカ種」と「ロブスタ（カネフォラ種）」の2つと考えてOKです。

ただ、実はこの3種以外にコーヒー業界で大きな話題になっている種があります。それが「**ユーゲニオイデス**」という種です。

ワールド・バリスタ・チャンピオンシップ（WBC）2021年大会では、3位までに入賞した競技者全員がユーゲニオイデスを使っており、「これからのスペシャルティコーヒーのトレンドになるのでは」と注目が集まっているのです。

実際、ユーゲニオイデスで淹れるエスプレッソを私も飲んでみましたが、非常に美味しく感じました。コーヒー特有の酸味や苦みが不思議となく、甘いのです。初めて飲んだ人は驚くと思います。

ユーゲニオイデスは、アラビカ種の祖先だと言われています。

66万年以上前のこと、アフリカ最大の湖、ビクトリア湖からその北西に位置するアルバート湖のあたりの高地に、たまたまユーゲニオイデスとロブスタの両方が自生可能なエリアがあり、異種交配が起きてアラビカ種が生まれたというのです。

そんなユーゲニオイデスですが、栽培が難しく少量しか生産されていません。ですから購入できる人が限られています。２０２１年のＷＢＣの結果を受けて、数年先まで売り切れになってしまっています。

数年前まではあまり知られていなかったユーゲニオイデス。品種改良を通じて人間にとって好ましくなっていくというのが世の常にもかかわらず、古い種に注目が集まったというのはとても興味深いです。

コーヒーの生育環境

コーヒーの生産地はブラジルやコロンビアなど中南米、エチオピアなどアフリカ諸国、それからベトナムなど東南アジアが思い浮かぶのではないでしょうか。**コーヒーノキ栽培に最適なエリアは、赤道をはさんで北緯25度〜南緯25度の熱帯・亜熱帯で「コーヒーベルト」と呼ばれています。**

日本では、沖縄や鹿児島、小笠原諸島でコーヒーを栽培しているところはありますが、やはり私たちが普段飲んでいるコーヒーは、ほぼコーヒーベルトからの輸入に頼っています。

コーヒーベルト

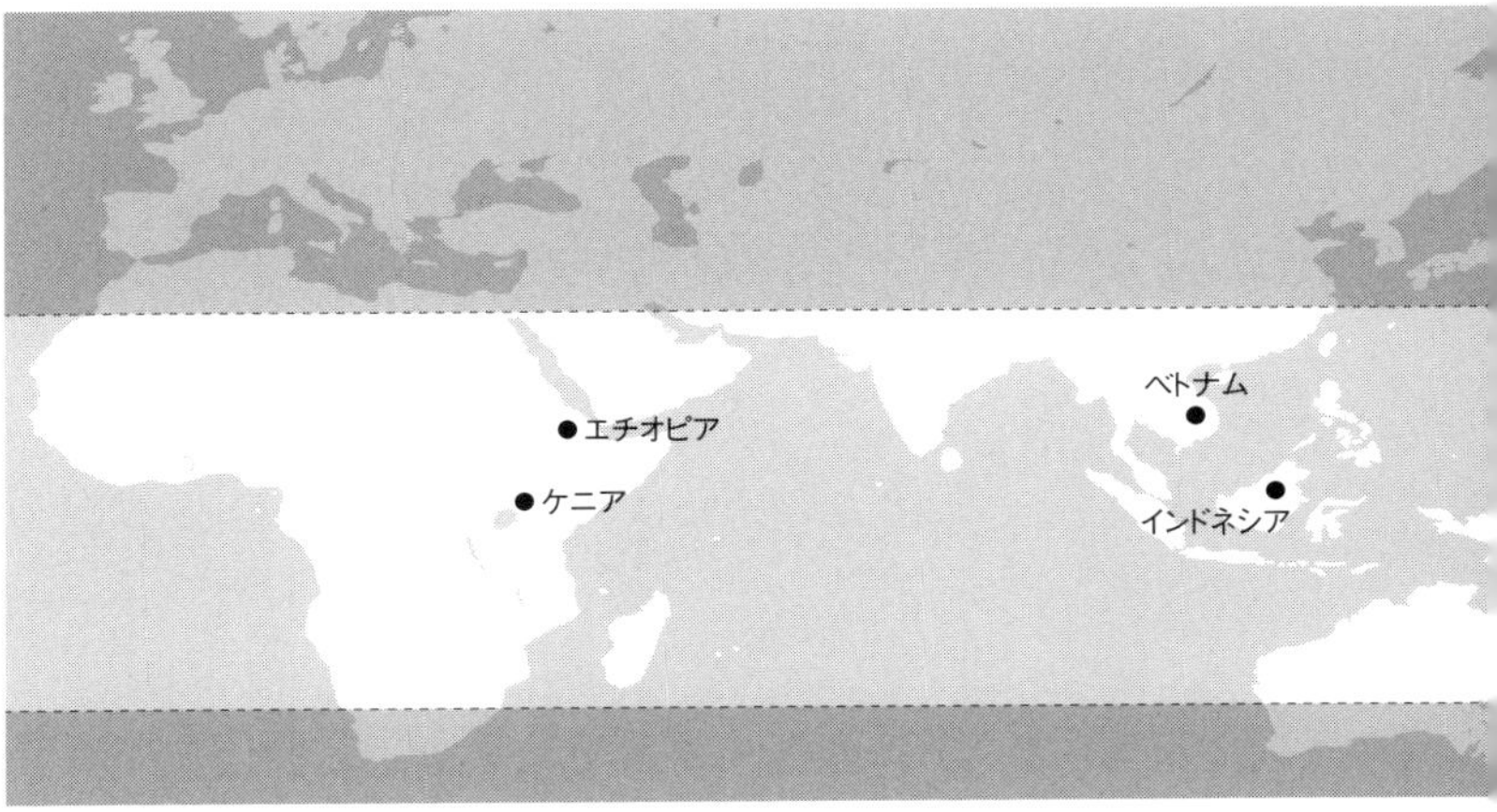

コーヒーベルトはなぜコーヒー栽培に適しているのでしょうか。

まず、気温が一年間を通して20～25℃であること。暑すぎると病気になりやすくなります。逆に寒すぎると実が小さくなったり、収穫量が減ったりします。霜が降りると大きなダメージがあります。若い木なら枯れてしまいます。

かつ、昼夜の寒暖差が必要です。昼間は暖かく、夜に寒いという差があることで実がゆっくりと熟し、味わいがよくなるのです。標高が低くても栽培自体はできますが、標高1000～2000mくらいだと品質がよくなり、品評会でも高評価です。ですから、コーヒーノキはコーヒーベルトの中でもとくに、山の斜面や高原で栽培されています。

適度な日射量、降雨量も必要です。

直射日光が当たりすぎてもよくありません。もともとエチオピアの奥深い森で育っていたアラビカ種は日陰で育ちます。そこで農園では、コーヒーノキより高い木をシェードツリーとして植え、日陰を作ることも多くあります。

降雨量は年間１５００～２０００㎜が必要です。干ばつになると生産量に影響します。

種の脆弱性

このように、気候の影響を受けやすいコーヒー栽培は簡単ではありません。

標高の高い土地で栽培されるコーヒーノキにとって、もっとも恐ろしいのは「霜」です。たとえば世界一のコーヒー生産量を誇るブラジルでは、6～8月の冬の時期に冷たい雨風が吹いて霜が降りることがあります。

１９７５年の7月、急激な気温低下がブラジルのコーヒー農園を襲い、たった一晩で壊滅的な被害を与えたことがありました。その年の収穫は終えていたものの、木が枯れてしまうと翌年に実をつけることができません。

コーヒーは先物取引なので、1976年を待たずして、霜害のニュースを受けてコーヒー豆の価格は一気に高騰。5倍まで価格が跳ね上がりました。最大の生産国であるブラジルでのダメージから、大幅な供給減が予測されたのです。結果としてやはり、1976年の生産量は半分に落ち込みました。

近年も毎年発生する異常気象の影響などにより、収穫量と価格が常に変動しています。加えて、もちろん輸入品ですから、最近進んでいるドル高円安といった為替相場の影響も受けます。円安により日本の購買力は落ち込んでおり、今後が不安視されるでしょう。

話をコーヒー栽培に戻すと、コーヒーノキも生き物ですから、自然災害とは別に、病気のリスクがあります。

もっとも恐れられている病気が「**サビ病**」です。

サビ病は、カビの一種である「コーヒーサビ病菌」による伝染病。サビ病にかかると、コーヒーノキの葉にオレンジ色の斑点が広がっていきます。そして、葉が落ちて光合成の機能を失い、2~3年で枯れてしまいます。「鉄サビ」のような斑点は樹木全体に広がるだけでなく、木から木へと伝染します。農園ごと全滅してしまうのです。

この病気が最初に見つかったのは1867年のスリランカ（当時はイギリス領セイロ

ン）でした。伝染病の常として、撲滅は難しく、数年のうちにスリランカ全土に広がります。１８６８年にはインドでも発生し、インド中のコーヒーノキが壊滅的なダメージを受けてしまいました。

コーヒー栽培が世界に広がっていた中で、スリランカとインドも栽培に乗り出したものの、運悪くすぐに病害に見舞われてしまったわけです。これによってスリランカはコーヒー栽培をあきらめ、紅茶に切り替えました。現在までインドやスリランカが紅茶に注力しているのは、植民地として治めていたイギリスの嗜好も理由にありますが、こうした背景もあるのです。

三大栽培原種の解説でもお伝えしましたが、とくに**アラビカ種はサビ病に弱く、いまも世界のコーヒー生産者たちの悩みの種**です。

一方で、病気に強いロブスタは味に劣るため、研究者たちは病害に強い種を作るべく、アラビカ種とロブスタを掛け合わせるなど努力しています。しかし、道のりはなかなか険しいようです。

ところでそもそも、アラビカ種はなぜ病気に弱いのか。

それは遺伝的な脆弱《ぜいじゃく》性を持っているからです。

コーヒーノキの種は約130あると言いましたが、その中でもアラビカ種はちょっと特殊なのです。というのも、**ほかの種はみな染色体数が22本であるのに対し、アラビカ種は44本。**倍の数です。なぜでしょうか？ 近年の遺伝子分析によると、**アラビカ種はユーゲニオイデスとロブスタが異種交配をした際に、染色体数が倍になった「異質四倍体」**という植物であるようです。

ところで、染色体のことを書いていて、ある珍事を思い出しました。話は逸れますが、DNA解析の珍事です。イエメンのQima Coffeeのファレスシバニ氏がワールド・コーヒー・リサーチ（WCS）とともにDNA解析を行った結果、ランダムに取り寄せたゲイシャ種のうち6割がゲイシャ種の品質特性を兼ね備えたロットではなかった、という結果が出たのです……。

話をアラビカ種に戻しましょう。

もうひとつの大きな特徴が、自家受粉が可能ということです。

基本的にコーヒーノキは自家受粉できません。自分だけでは実をつけることができず、ほかの木の花粉が必要なわけです。ところが、アラビカ種は自家受粉ができてしまう。なので、周囲にほかの木がなくても、確実に子孫を残すことができるというメリットがあります。世界中にコーヒー栽培が広まったのは、この特徴のおかげでしょう。たったひとつの苗を持ち込めば、コーヒー豆を作ることが可能だったのです。

一方で、自家受粉を繰り返すことで遺伝的多様性が失われやすく、環境の変化に弱い（理屈上はどんどん弱くなる）というデメリットがあります。サビ病などの病害でも一気に被害を受けるということが起こるのです。

こういった特徴があるので、アラビカ種とほかの種と交配させてもう少し強い種を作ろうという動きはあるのですが、染色体数がほかの種と異なるアラビカ種を掛け合わせるのは簡単ではありません。今後に期待したいところです。

コーヒーベルトと各産地の違い

私がよく訊かれて困る質問のひとつが、「どこの豆が美味しいですか？」です。

コーヒーの味わいを決める要素は、「**テロワール**」（栽培地域の特性）、「**マイクロクライメイト**」（微細な気候条件）、品種、生産処理、焙煎、抽出というようにさまざまあります。品種だけでも判断できないし、国名だけでも判断できないというのが正確なところです。

とはいえ、ひとつの目安として知っておきたいというニーズがあるのはよくわかります。

コーヒーベルトに集まる代表的な産地について、それぞれ簡単に特徴（というより正確には傾向）を紹介したいと思います。好みのコーヒーを選ぶ際の参考にしてみてください。大事なのは、比較です。美味しさは主観的なもの。自分で感じることが重要です。複数試してみることで、次に述べる傾向を実感いただけるのではないでしょうか。

ブラジル

【主な品種】ブルボン、ムンドノーボ、カトゥーラ
【特徴】酸味少なめでマイルドな味わい

世界最大のコーヒー生産地であり、日本の輸入量もトップ。広い国土の中では産地によって気候条件もさまざまであり、ひとくくりにすることはできないが、全体的にはマイルドで飲みやすいものが多い。癖がなく手に入りやすいので、ブレンドコーヒーのベースとしてもよく使われている。

品質を追求する小規模な農園も多い一方で、生産性を重視して機械化を進める大規模農園もある。

余談だが、コーヒー豆の国際的品評会「カップ・オブ・エクセレンス」は、1999年のブラジルでの品評会から始まった。

コロンビア

【主な品種】 ブルボン、カトゥーラ、コロンビア

【特徴】 酸味と甘みをあわせ持つ

生産量はブラジル、ベトナムに次いで世界第3位。日本の輸入量も多い。

アンデス山脈があるので標高が高く、気候的にコーヒー栽培に適している。ただ、険しい山岳地帯に農地を広げることは難しい。ほとんどが小規模農園で、機械を使わず手作業で栽培から収穫までを行っている。

有名な「エメラルドマウンテン」は、コロンビアコーヒーの中でも厳選された3%未満の高品質豆。ほとんどのコロンビア農家が加入している「生産者連合会（FNC）」が厳しい基準で審査・認定していて信頼できる。

エチオピア

【主な品種】 エチオピア原種、ティピカ、ゲイシャ

【特徴】 華やかで芳醇《ほうじゅん》な香り

もともとエチオピアに自生しているコーヒーノキは品種の特定が難しく、ひとくくりにして「エチオピア原種」と呼んでいる。エチオピア原種は地域により細かな特性の違いがあり、品種としては1000種以上あるという。「シダモ」「ハラー」「イルガチェフェ」などは、品種名ではなく収穫地名。有名な「モカ」は、エチオピアの隣国であるイエメンの港の名前だが、対岸のエチオピアのコーヒーも「モカ」と呼ばれている。

近年注目されている高級コーヒー豆「ゲイシャ」はエチオピア原産。エチオピアのゲシャ村で発見されたことからこの名がついた。

エチオピアコーヒーの香りは「世界最高の香り」と言われることもある。

エルサルバドル

【主な品種】ブルボン、パカマラ

【特徴】スッキリした酸味とフルーティーな香り

標高が高い土地が多く、コーヒー栽培に適した生育条件に恵まれている。中米の中でも、酸味や風味に優れたコーヒーが多い。キレのあるスッキリ系の酸味、果実のようなフルーティーさが特徴。

人工交配種「パカマラ」は豆の粒が大きく、甘さと酸味のバランスがいい高品質の品種。国土の小さいエルサルバドルでできるだけ多く品質の高い豆の生産をしようと、国立コーヒー研究所で開発された。

コスタリカ

【主な品種】 カトゥーラ、カトゥーアイ、ビジャサルチ

【特徴】 濃厚な甘みとフルーティーな酸味

日本への輸出はさほど多くないが、近年とくに品質の評価が高まっている。政府が生産者とともに「コスタリカコーヒー協会」を組織し、高品質な豆の生産に力を入れている。栽培に適している土地はあまり広くなく、豊かな自然の中で小規模な農園を作っている。大量生産は難しいからこそ、ブランド力の高い豆の生産に力を入れている。「ハニープロセス」という独自の生産処理方法を確立しており、濃厚な甘みとコクを出している。また、フルーティーな酸味も特徴。

パナマ

【主な品種】 ゲイシャ、ティピカ、ブルボン

【特徴】 さわやかな酸味で、キレのあるスッキリした味わい

パナマのコーヒーはもともと品質の評価は高かったが、２００４年に世界的に注目が集まった。それは「ベスト・オブ・パナマ」という国際品評会に出品された、エスメラルダ農園の「ゲイシャ」が当時の最高価格で落札されたから。これによって「ゲイシャ」という品種の知名度が一気に高まった。以来、パナマ国内ではゲイシャの栽培に取り組む農家が増えている。

エクアドル

【主な品種】シードラ、ティピカメホラード

【特徴】甘みや酸味がほどよく、マイルドな口当たり

南北にアンデス山脈が走るエクアドルは、国土の大半が山岳地帯。標高が高く、気候条件もいい。赤道直下の直射日光を遮るのにバナナやカカオの木がシェードツリーとして活躍しており、同時に複数の作物を育てる森林農法が伝統的な農法となっている。

これまではそれほど評価が高くなかったエクアドルのコーヒーだが、近年は期待が集まっている。これから注目されるかもしれないのが「シードラ」。ブルボンの変異種で、ストロベリーのような果実味とフルーツガムのような甘い香りを放つ。そのほか、未開の地や突然変異種もあり、まだ知られていない品種が見つかるかもしれない。

ケニア

【主な品種】ＳＬ28、ＳＬ34、ブルボン、ルイル

【特徴】ベリーや柑橘《かんきつ》系のようなジューシーな酸味

ほかのアフリカ諸国に比べてコーヒー栽培を始めたのは遅かったが、いまでは世界有数の人気産地となった。生産者たちが出資して「コーヒー研究財団」を設立し、品質向上を目指しつつ世界にＰＲを行っている。

ケニアコーヒーはスクリーンサイズ（豆の大きさ）で格付けがされている。スクリーンサイズ17〜18（6・8〜7・2㎜）が最高グレードのＡＡ。

ケニアを代表するＳＬ28、ＳＬ34といった品種は、ジューシーな酸味が特徴。

インドネシア

【主な品種】ティピカ、カトゥーラ、カティモール

【特徴】力強いボディとコクのある後味、土のような香り

アジアでは、世界第2位のベトナムに次いで生産量が多い（世界第4位）。多くはロブスタだが、アラビカ種も栽培されている。アラビカ種で有名な銘柄は「マンデリン」。華やかで濃厚な香りとコクがあり、高品質なコーヒーとして評価が高い。マンデリンは、スマトラ島の部族の名前で、かつてその部族が栽培していたことからこう呼ばれている。アラビカ種の中でもどの品種かは特定されていないことが多い。「スマトラ式」と呼ばれる、独自の生産処理方法を確立しており、これによって独特の風味や香りが引き出されている。

ベトナム

【主な品種】ロブスタ、カティモール

【特徴】しっかりしたボディ感、苦み、コク

世界第2位の生産量を誇る。栽培されているのはロブスタが主流。病害に強く生産量も多いロブスタは安定供給に欠かせず、ベトナムのコーヒー産業の下支えになっている。有名な「ベトナムコーヒー」は、苦みのあるロブスタを焙煎後バターや砂糖を加え、コンデンスミルクを入れた独特の飲み方。

また、ロブスタの中でも「G1ポリッシュド」など精製の状態がよい優れた豆も販売されている。アラビカ種の生産への取り組みも行われており、今後の期待が高まる。

収穫の仕方でも品質が変わる

さて、ここからは収穫から加工までの流れを見ていきましょう。

コーヒーノキは雨季になると白い花を咲かせ、ジャスミンのようないい香りを漂わせます。農園はあたり一面が雪景色のように白くなり、幻想的な雰囲気です。ただ、花が咲く時期は短く、数日後にはもう花が落ちてしまいます。そして、緑色の実がなるのです。この実が半年から8か月ほどかけて大きく成長し、赤く熟していきます。

収穫の時期は「乾季」にあたり、エリアによって違います。中米、エチオピア、ベトナムなど北半球の産地は10~3月頃が収穫の時期。ブラジルは南半球なので4~9月頃です。1年に2回の収穫時期が訪れるエリアもあります。赤道直下のコロンビア、ケニア、インドネシアなどです。たとえばコロンビアでは、メインの収穫期が9~12月であり、「**ミタカ**」と呼ばれる第二の収穫期が4~6月。一年を通じてコーヒーの収穫ができることが強みのひとつとなっています。

同じ国内でも**標高が高いところは、収穫時期が遅くなります**。それだけじっくりと時間をかけて実が熟していくのです。

コーヒーチェリーの熟度は品質に大きく影響します。完熟したものから取り出した豆は、豊かな風味があるのです。とはいえ農園の中で均一に熟すわけではありません。一気に収穫できれば効率的なのですが、そうすると未熟なコーヒーチェリーが交ざってしまいます。品質を高めるには、熟した実を選んで手作業で収穫するのがもっともよい方法です。農園の規模によりますが、完熟コーヒーチェリーを順番に収穫していくと2〜3か月かかります。

完熟コーヒーチェリーをひとつずつ手で収穫する、これはなかなか大変なことです。重労働です。しかも、高品質のコーヒーは標高の高いところで採れますから、平坦《へいたん》でない山中で収穫作業をするわけです。

もちろん、平地の大規模農園で栽培し、機械を使って収穫しているところもありますが、少数派です。

収穫作業はどこまでいっても人の手によるため、データで決めたとおりに機械が動く工場とはわけが違います。どうしても多少のズレが生まれ、コーヒー豆の品質に大きく影響します。

生産処理は作り手の工夫のしどころ

コーヒーチェリーを収穫したら、その果実の中から生豆を取り出します。これを「生産処理（プロセス）」と言います。

どのような生産処理をするかによって、コーヒーの味わいは変わります。スペシャルティコーヒーを購入する際、「ナチュラル」や「ウォッシュド」といった表記を見たことがある人もいるでしょう。それらがまさに、生産処理の種別です。

近年、コーヒー業界では生産処理も注目を浴びています。生産処理に工夫を凝らすことで、味わいは大きく変化し、想像もできないようなフレーバーを生み出すこともできるのです。

生産処理の仕方は大きく3つに分けられます。

ナチュラル

コーヒーチェリーをそのまま乾燥棚などに置いて広げ、天日乾燥させた後、果肉やパーチメントを脱穀するというもっとも伝統的な方法。数日から数週間かけて乾燥させるのが一般的。乾燥させる過程で発酵するため、コクや濃厚な香りが引き出される。雨が続くと乾燥させられないので、乾季がはっきりしている地域で行われている。

生産性を重視して短期間で乾燥させている場合には、品質的に問題を抱えていることが多く、スペシャルティコーヒーの世界では時間をかけて水分含有率を減らしていく方法が理想とされている。

ウォッシュド

果肉や外皮を取り除き、水に浸けて発酵させ、種子の周りにある「ムシラージ」（ネバネバした粘液質のもの、ミューシレージとも呼ばれる）を分解。その後乾燥させ、パーチメントを脱穀する。

素材由来の特性を活かす方法であり、高品質なコーヒー豆によく使われる。酸味が際立ち、繊細な風味が引き出される。

ただし、大量に水を使うため環境負荷が高い。

パルプトナチュラル（ハニープロセス）

ウォッシュドと同じ工程を踏むが、「ムシラージ」を付けたまま乾燥させる方法。水を使う量は少なくて済む。ナチュラルとウォッシュドの中間のような生産処理方法と言える。焙煎度合いを浅く仕上げれば、ウォッシュド寄りのスッキリした味わいとなり、深く仕上げるとナチュラル寄りのコクのある仕上がりになる。

アナエロビックファーメンテーション

科学的側面の強い生産処理は、工夫のしどころであり、各国で試行錯誤されています。近年、業界の注目の的となっているのが「**アナエロビックファーメンテーション**」です。日本語に訳すと「**嫌《けん》気《き》性《せい》発《はっ》酵《こう》**」。生産処理の際の「発酵」がコーヒーのフレーバーに影響することがわかってきたので、発酵の環境を人工的に作り出そうとして生み出されました。

一般論として、ヒトを含めて生物が活動している環境では大気中に酸素が存在します。この酸素を人為的なプロセスにより排斥した環境を「嫌気的」と呼び、この環境下で行われるコーヒーの発酵処理を「アナエロビックファーメンテーション」と呼びます。

酸素をどのように排出するかの方法、実際に酸素がなくなっているかどうかなどの判定は生産者に任されているケースが多く、本当の意味で嫌気的な環境であったかどうかがわからないケースもあります。

ただし、きちんと嫌気的な環境を設けられたのであれば、酸素がある状態では活動しない微生物が働き、結果としてコーヒーに独特のフレーバーが生まれるのです。

もうひとつ、「**カーボニックマセレーション**」という生産処理方法も出てきています。アナエロビックファーメンテーションの一種で、発酵タンクの中に二酸化炭素を注入して酸素を追い出すやり方です。

いずれも厳重に温度管理をし、発酵の目安となるｐＨ（水素イオン濃度）を基準に生産処理の工程をコントロールしています。

伝統的な生産処理方法では、発酵タンクが外に設置してあり、外気温に影響を受けます。その時々の環境によって発酵が思うように進まなかったり、進みすぎたりとコントロールできない場合もあるのです。

これに対してアナエロビックファーメンテーションのように、これまで感覚や経験に頼っていた部分を数値化し、発酵タンクを科学的に管理しながら品質向上を目指す取り組みが増えてきているのです。生産処理の技術革新がよりよい品質のコーヒーが生産されるのに役立っているのは、間違いありません。

ただ、個人的には生産処理をトレンドに寄せすぎるのはおもしろくないと思っています。似たような味わいや香りのコーヒーばかりになるからです。

嫌気性発酵で生産処理されたコーヒーは、よくラズベリーやピーチのような香りと表現されます。品種の特性はあるはずですが、発酵によるフレーバーが強く出てどれも似た雰囲気になるのです。こうしたフルーティーな香りばかりがもてはやされることで、人工的に香り付けをしたコーヒーが市場に出回るようになりました。透明性を掲げるスペシャルティコーヒーにあってこれは大きな問題だと思っています。

出荷前の大事なプロセス――レスティング

生産処理をして生豆の状態にしたら、コーヒー豆としてすぐ出荷できるわけではありません。品質を安定させるための大事な工程があります。温度と湿度が管理された倉庫で一定期間寝かせるのです。これを「**レスティング**」といいます。

レスティングの工程もコーヒーの味わいに影響します。豆を休ませて風味を落ち着かせるのと同時に、隣り合った豆同士で水分の受け渡しをし、より均一な水分量にします。暗い場所で、適度な湿度のもとで保管しなければならず、環境整備には気を使わなければなりません。

寝かせる期間は品種や状態によって違いますが、だいたい1か月くらいです。パーチメントを脱穀するのは、売り先が決まり、袋詰めをする前が好ましいとされています。できるだけ出荷ギリギリのタイミングで行ったほうが劣化せずに済むからです。

コーヒーはどうやって運ばれるのか？

栽培、収穫、生産処理、レスティングを経て、いよいよコーヒー生豆は消費者のもとへ旅立ちます。コーヒーベルトに集中している生産国から、世界各地にコーヒー豆が運ばれていくのです。その量たるやすごいものです。たとえば輸出量ナンバーワンのブラジルが輸出するコーヒー豆は年間230万トンほど（2020年）。

輸送時の劣化を防ぐための努力もされています。

多くの生産国では生豆を麻袋に入れますが、直接入れるのではなく「**グレインプロ**」という専用のビニール袋に入れ、保存状態を良好に保つのもそのひとつです。強度があり、ちょっとやそっとじゃ破れないこの袋を使うようになって、生豆の鮮度が保たれやすくなりました。

酸化による劣化を防ぐため、酸素を抜いて真空包装することもあります。「**バキュームパック**」と呼んでいます。高品質な豆ほど、こういった技術を使っており、品質が保たれているのです。

生産国によって規格は違いますが、麻袋なら60〜70kg、バキュームパックなら15kgの袋を3つで1ロットという程度に詰められ、コンテナに入れられます。

そして、ほとんどの豆は海上輸送で消費国へ届けられます。船上のコンテナに詰められて暑い国から1か月ほど旅をするので、この期間にある程度品質が劣化するのは否めません。そもそも、通常のコンテナはただの箱。太平洋を渡る際には60℃以上の高温にもなりますし、湿度のコントロールもできませんから結露することもあります。もっとも安く届けられるのですが、はっきり言って好ましい環境ではないのです。

そこで、空調のついた「**リーファーコンテナ**」があります。冷蔵設備と断熱材を有しており、内部の温度を一定に保つことのできるコンテナです。通常のコンテナ（ドライコンテナ）に比べて、熱による品質の劣化をおさえることができるわけです。それだけコストは高くなりますが、近年はリーファーコンテナでの輸送が増えています。

鮮度のためには、空輸の選択肢もあります。空輸なら数日で到着しますから、輸送時の劣化を最小限にできます。ただし、コストはかなり割高です。高価なオークションロットや特別なコーヒーによく使われる輸送手段です。

大半のコーヒー豆は、コンテナ船で時間をかけて消費者のもとへやってくるのです。

高いから美味しいとは限らない

価格が安い豆は、さまざまなコストをおさえているから安く提供できるということがおわかりいただけたのではないかと思います。

それでは、コーヒーの価格はどうやって決まるのでしょうか。

先にブラジルの霜害の話をした際にも触れましたが、**コーヒー豆の価格は先物取引所で決まります**。**アラビカ種はニューヨーク取引所、ロブスタはロンドン取引所**で取引が行われています。

先物取引は、期日と価格をあらかじめ約束する取引です。先物取引でないと、気候の影響を大きく受ける自然資源は価格が変動しすぎて不安定になります。需要と供給のバランスによって、あらかじめ価格を決めて取引しましょう、ということです。

これが基本的な考え方ですが、投資対象にもなります。コーヒー豆自体が欲しいわけではないけれども、将来価格が上がるだろうと予測して買う人もいるのです。1975年のブラジルで霜害があったときに、コーヒー豆の価格が高騰したのは「コーヒーの供給が減って需要が多くなり、価格が上がるはずだ→いまのうちに買って儲《もう》けよう」と思った人たちが多くいたのが大きな要因です。株式市場と同じロジックですね。

この時は価格が5倍になりましたが、それだけ味は美味しくなったのでしょうか。

答えはもちろん、NOです。コーヒー豆自体の出来や味で価格が決まるわけではありません。あくまで価格は、需給バランスによって決まっています。


とはいえ、**コモディティマーケットでも等級付けはされています**。品種全体で一律に価格が決まるわけではありません。どの生産国の、どのグレードの豆かによって需要と供給のバランスは変わるのです。

それでは、その等級付けは誰がやっているのでしょうか？

各生産国です。それぞれの国に評価機関があり、等級付けをやっています。世界共通の基準はありません。

たとえばコロンビアではスクリーンサイズ（豆の大きさ）が判断基準です。インドネシアでは300gの豆の中にどれだけ欠点豆があるか。グアテマラでは標高の高さで等級が決まります。

ブラジルはちょっと複雑で、「欠点豆の混入数」「スクリーンサイズ」「風味」が併記されます。

このように等級付けはされますが、グレードの高い豆が美味しいとは限りません。逆に言うとグレードが低くても美味しい場合もあります。これがコーヒーの難しいところです。

いずれにしても、消費者目線で価格が決まるというよりは、生産国の基準＋需要と供給のバランス＋投資対象としての価値で決まります。これがいわゆるコモディティコーヒーの世界です。

品質で価格が変わるダイレクトトレード

一方で、市場の影響を受けずに価格が決まるコーヒー豆もあります。ダイレクトトレードを行うスペシャルティコーヒーです。

スペシャルティコーヒーは、生産者と販売業者が直接取引をします。直接コミュニケーションをとり、豆の状態や風味を確認しながら取引するわけですから、品質によって価格交渉が行われるのが基本。

もちろん、「コモディティコーヒーの価格が上がっているから、うちのコーヒーも少し価格を上げよう」と考えるのが普通です。コモディティのほうは価格が一気に3～4倍に上がることも比較的よくあることです。それに対してダイレクトトレードのスペシャルティコーヒーの価格が変わらなければ、割安になってしまいます。

そういう意味ではまったく影響を受けないわけではありませんが、コモディティマーケットとダイレクトトレードは別の論理で動いているということです。

コーヒーの味は誰が評価するのか？

少しこだわる人であれば、カフェや専門店でスペシャルティコーヒーを飲んだことがあるのではないでしょうか。それは、バイヤーが生産者から直接買い付けたコーヒーということになります。優れた風味や味わいがあり、品質が高いと感じたからこそ、相応の金額を支払って買い付けているはずです。

買い付けをする際に重要なのが、「**カッピング**」です。ワインで言うところの「テイスティング」をイメージするとわかりやすいでしょう。その年に収穫されたコーヒー豆のサンプルをローストして、香りと味を確かめます。豆の品質を客観的かつ総合的に判断し、最終的に購入するかどうかの判断をします。

生産者を訪ね歩いてカッピングするわけではなく、多くの場合はサンプルを用意している輸出業者のところで行います。たとえば30～40種類のサンプルをすべて同じ条件下（容器や粉量、湯量、浸漬時間など）でカッピングしていきます。豆を挽《ひ》いた直後の香り、お湯を注いだタイミング、攪拌《かくはん》したタイミングで香りを確認し、吸いこむようにして口に含んでチェックします。

そして、90点をつける高品質の豆に出会ったとしましょう。

「これはすごくいいコーヒーだ。ぜひ買いたいが、提示価格は？」

ポンド（約0・454kg）あたり30ドル。かなり高い印象です。この価格で購入して、本当に利益が出せるだろうか？　考えるわけです。場合によっては交渉をします。

「こっちの豆も買うから、もう少し安くして」

「今年はこれだけだけど、来年も買うから安くして」

気に入った豆の生産者のもとへ足しげく通い、さらなる情報を得たり関係性を作ったりすることもあります。

ただ、前にも、円安により日本の購買力が落ちている話をしました。日本のバイヤーの交渉力も相対的に落ちているはずです。いまもすでに、そしてこれから、日本で飲まれるスペシャルティコーヒーは、物価高＋円安で大きく値段が上がっていくでしょう。「スペシャルティコーヒーを安価に」という取り組みをしているカフェやショップにとっては厳しい時代になっていくに違いありません。

奥深いカッピングの世界

これを言い出せばキリがないですが、カッピングをする「**カッパー**」自身を評価する方法はいまのところありません。

コモディティコーヒーの等級付けは一定の基準で判断するので客観的ですが、スペシャルティコーヒーの場合は曖昧です。ですから、カッパーによって評価は分かれますし、いいかげんなことを言う人も中にはいるのが事実です。そもそもカッパーとしての能力に疑問符がつく人もいます。

カフェのバリスタが、店にふさわしい豆かどうかを確認するための個人的なカッピングならいいのです。主観的にいいと思った豆を選び、語ればいいでしょう。しかし、バイヤーとしてのカッピングは違います。品質評価を客観的に行うのがカッパーです。非常に難しく奥が深い仕事だと思います。

私自身は豆の買い付けなどの上流部分に手を出さないことにしています。すべてのサプライチェーンでプロにはなれないとわかっているからです。

私はコーヒーコンサルタントとして、コーヒーが適切に抽出できているか見極める技術に関しては誰にも負けない自信があります。しかし、生豆の品質評価はまったく別。バリスタもカッピングをしてコーヒーの香りや味を確認するのだから、同じではと思うかもしれませんが、全然違うのです。

私は、与えられた豆のベストを引き出すことができているかどうかを確認するアプローチをとります。たとえば、飲んだ瞬間に「あ、この豆は古い感じがする。保存環境がよくないから改善したほうがいい」といったことがわかるのです。

豆そのものの価値ではなく状態の判断を目的としたカッピングは、生豆のポテンシャルを判断するのを目的としているバイヤーのカッピングとは違うのがおわかりいただけるでしょう。

カッピングもできれば焙煎もできる、もちろん抽出はプロフェッショナル……という人には、なかなかなれるものではありません。

それだけ、各工程が奥深いということです。

コーヒー豆の品評会「カップ・オブ・エクセレンス」

品質評価をするカッピングが国際的に行われている場もあります。コーヒー好きな人なら、「**カップ・オブ・エクセレンス（COE）**」は聞いたことがあるでしょう。

カップ・オブ・エクセレンスとは、その年に収穫されたコーヒー豆の中で最高品質のものを国際的に決める品評会です。1999年にブラジルで初めて開催されて以来、世界中の生産国にて年に一度開催されており、消費国でも生産国でも注目を集めています。運営しているのはアメリカのNPO法人Alliance For Coffee Excellence（ACE）です。

スペシャルティコーヒーの世界では、「COE受賞豆」が大きな売りとなります。

受賞した豆はインターネットオークションにより世界中のコーヒー業者が入札。直接売買をすることによって、落札金額のほとんどを生産者が受け取ることができる仕組みになっています。

ＣＯＥで審査するのは、世界各国から集まった国際審査員です。スペシャルティコーヒーの最低基準をクリアしていることをチェックしたうえで、国内審査と国際審査の２段階で審査します。どちらも「ブラインド」といって、先入観の余地が残らないようコーヒーの情報は伏せられた状態で行うのが特徴です。

評価の項目は８つあります。「フレーバー」「後味」「酸味の質」「口に含んだ質感」「カップのきれいさ」「甘さ」「バランス」「総合評価」をそれぞれ８点満点で評価します。８点×８項目＝64点＋基礎点36点で１００点満点のうち、審査員の評価が平均87点以上となったベスト30のコーヒー豆だけが受賞できることになっています。

審査はかなり厳しく、なかなか狙って受賞できるものではありませんが、この品評会があることで小規模農園の生産者たちも品質向上への意欲が増します。世界から注目を集める可能性があるのですから。

ＣＯＥ受賞豆にはパッケージにロゴがついています。もしもコーヒーショップなどで見かけたら、試してみてはいかがでしょうか。

日本人が好むのは「クリーンカップ」

なお、国によって好まれるコーヒーの味・風味は違います。

バイヤーの人たちと話すと、「日本人はクリーンなコーヒーが好きだ」といいます。雑味がなく、後味がきれいなコーヒーに人気があるのです。

雑味が出るのには、未熟なコーヒーチェリーを収穫していたり、発酵させすぎてしまったり、丁寧に乾燥させられてなかったりなどさまざまな原因があります。雑味がなく、クリーンであるほど豆の特徴である酸や甘み、フレーバーが感じられます。

ですから、スペシャルティコーヒーである以上、基本的に雑味はないほうがいいわけですが、日本人はとくにクリーンカップを重視し、厳しくカッピングしています。

日本人が後味のきれいさに敏感なのは、和食の出汁《だし》もそうなのではと思います。出汁の後味がよくないと気になりますよね。雑味がなく、出汁本来のうまみを感じられるのがいい出汁です。味の余韻や奥行きを楽しむ食文化があるのです。

日本以外でいうと、中国はフレーバーを重視する傾向がありますし、欧米は質感やボディを重視する傾向があるように感じます。これは私自身の肌感覚と、バイヤーの方から聞いた話でしかないので、断言はできませんが、国によって好みが違うというのは納得できることではないでしょうか。逆に言うと、国によっても好みが違う以上、「世界一美味しいコーヒー」「あちらよりもこちらが美味しい」と断言するのは難しいのです。品評会でより低い点数だった豆のほうが好み、なんてことは容易に起こります。嗜好品はなんとも難しい世界です。

輸出業者はコーヒーのプロフェッショナル

カッパーだけでなく、コーヒー豆が消費地に届くまでの立役者、輸出業者のことも忘れてはいけません。見過ごされがちですが、実は品質の要になると言えるくらい活躍しています。

というのも彼らは、生産者たちに新しい情報を伝え、教育する役割も担っています。たとえば最新の農業技術、生産処理などをかみ砕いて伝え、実践方法を教えるのです。顧客のニーズやトレンドをタイムリーに伝えることもします。

素晴らしい土地と素晴らしい技術を持つ生産者が、きちんと情報を得てアップデートしていけるようにサポートしているのです。英語が話せる生産者は少ないので、輸出業者が現地の言葉に翻訳して伝えています。

そして、バイヤーとの折衝も行います。カッピングをし、買い付けの判断をする場をセッティングしているのは輸出業者です。バイヤーに対し生産者のことを伝え、交渉をします。生産者とバイヤー、双方にフィードバックをしながら、よいコーヒーを届けられるよう動き、生産者とバイヤー双方に利益をもたらす中立的な存在です。

4

知る人ぞ知る
コーヒーの現在

私がコーヒー業界に飛び込んで15年以上になりますが、その間にさまざまな変化がありました。スペシャルティコーヒーの普及、新たな品種の台頭、コモディティコーヒーの進化、科学的アプローチの発展、焙煎技術の向上……。

15年前とは比べ物にならないくらい、美味しいコーヒーを追求することができるようになっています。

本章では、最前線にいるからこそ見える、業界の現在についてお話ししましょう。コーヒー以外のビジネスや生活にも通じる世界があるはずです。

スペシャルティコーヒーとは?

コーヒーの等級付けや評価について前章でお話ししましたが、ここであらためてスペシャルティコーヒーとは何なのか整理したいと思います。

現在、一般的な分類でコーヒーを見ると「スペシャルティコーヒー」「プレミアムコーヒー」「コモディティコーヒー」の3つになります。

言うまでもなく、もっとも品質が高いのがスペシャルティコーヒー。風味、味わいがよく、農園での栽培から抽出まで徹底した品質管理が行われているものを指します。

スペシャルティコーヒーほどではないものの、それに準じた品質管理が行われていて、生産地や農園などの情報がトレースできるものはプレミアムコーヒー。比較的品質が高いと言えます。

そして、コモディティコーヒーは大量生産型で一般流通しているものを指します。生産地の規格で等級付けはされていますが、品質は比較的よいものからそうでないものまで幅広くあります。

近年、コーヒー業界ではスペシャルティコーヒーが非常に注目されており、提供する店も増えてきました。

ただ、定義については実は曖昧な部分があります。「個性的な風味、味わいのよい高品質なコーヒー」という概念的なものなので、店によって異なるニュアンスで使っていることもあるからです。場合によっては、単にいい豆、の総称として使っている人やブランドもあります。

ここではひとつの一般的な定義として、「日本スペシャルティコーヒー協会（SCAJ）」の定義を見てみましょう。SCAJの定義では、スペシャルティコーヒーは、消費者（コーヒーを飲む人）の手に持つカップの中のコーヒーの液体の風味が素晴らしい美味しさであり、消費者が美味しいと評価して満足するコーヒーであること。

となっています。

そして、判定の尺度として次の7つを挙げています（要約）。

①カップ・クオリティのきれいさ

テロワール（栽培地域の特性）が表現されるためには、汚れや欠点による雑味がないことが大切。

②甘さ

コーヒーチェリーが熟しており、その熟度が均一であることで甘みを感じられる。甘みは、単純に糖度だけでなく、苦みや酸味との兼ね合いなどほかの要素も絡む。

③良質の酸味

明るくさわやかな、繊細な酸味があること。逆に不快な印象の酸味、劣化した嫌な酸味はあってはならない。

④質感

コーヒーを口に含んだときの質感のよさ。舌触りのなめらかさや密度、濃さ、重さなどから判断する。

⑤特徴的な風味

スペシャルティコーヒーと一般のコーヒーを区別するもっとも重要な項目。栽培から抽出まですべての段階が理想的に行われれば、テロワールが表現されているはず。香りや味わいに、テロワールが感じられることが大切。

⑥後味の印象度

コーヒーを飲みこんだ後に残るものが甘みか、刺激的な嫌な感覚なのかといった印象を判定する。

⑦バランス

風味に突出しているもの、逆に不足しているものがないか。総合的なバランスがとれているかどうかを判定。

このように、コーヒーの品質を個人の好みではなく、なるべく客観的に判定できるように尺度を設けています。

重要視されているのは、その豆の特性が理想的な形で味わいに表現されているかどうかです。栽培から抽出までの複雑な工程の中で、エラーが重なってしまうと欠点が生まれ、その結果として品質が下がり、豆の特性も失われてしまいます。

私が昨今のフレーバーを重視した生産処理に懸念を抱いているのも、その豆の特性、すなわちテロワールを重視しているからです。テロワールは産地ごとの多様性につながります。多様な価値観、多様な好み、多様な味わいがあるのが健全だと思っています。

曖昧な定義のスペシャルティコーヒーですが、２０２１年にはそれに決着をつけるような動きがありました。スペシャルティコーヒー協会（ＳＣＡ）が「Towards a Definition of Specialty Coffee」というホワイトペーパーを発行したのです。

このホワイトペーパーは、これまで曖昧だったスペシャルティコーヒーの定義を、品質だけでなく、その属性や社会的文脈を検討しながら、再定義しようという試みです。
さて、そのホワイトペーパーでは、結局、どのような定義づけがされたのでしょうか？
ホワイトペーパーの結論を抜き出してみます。

> スペシャルティコーヒーとは、明確な特性によって認知されるコーヒー、もしくはコーヒー体験を指し、それらの特性によってマーケットにおいて重大な価値を持つ。（日本語訳は筆者による）

これだけではわかるような、わからないような……といったところですが、重要なのは、コーヒーの品質という内的要素のみならず、「どんな体験が得られるのか」「どんな価値を持つのか」といった外的要素も定義に含めようとしている姿勢です。

先に紹介したＳＣＡＪの定義と比べてみてください。あくまで、美味しさ、つまり品質のみが定義されていました。しかし、新しい定義は品質評価はもちろんのこと、コーヒーの持つブランド価値、国ごとに異なる多様な嗜好に応える姿勢を見せています。また、ＳＤＧｓの側面や道徳的な責任など、品質以外の文脈まで揃ってこそスペシャルティコーヒーだとしています。これは私も首肯するところです。

定義の曖昧なスペシャルティコーヒーですが、SCAが動きを見せたとおり、今後、定義は徐々に統一されていくと思われます。

「トレーサビリティ」と「サステナビリティ」

スペシャルティコーヒーの特徴的な風味が表現されているかを判断する基準は、コーヒーの種子から一杯のコーヒーに至るまでのすべての段階において一貫した体制・工程・管理が豆ごとに徹底していることです。これを表す言葉が「From seed to cup」。種子からカップまでという概念です。

そこで重要なキーワードとなるのが「**トレーサビリティ**」と「**サステナビリティ**」です。

トレーサビリティとは、追跡可能性のこと。その豆がどの農園でどうやって栽培され、管理されたか、どのようなルートで流通しているのかを確認できることが必要です。

一般に流通しているコーヒーは、「ブラジル産」「エクアドル産」など生産国名はわかりますが、農園名や流通経路はわかりません。スペシャルティコーヒーの場合は情報がすべて開示されており、トレースできるのです。

トレーサビリティに配慮したコーヒーは、それだけ透明性が高いわけですから消費者は安心して飲むことができます。

サステナビリティは大事なことなので何度もお伝えしていますが、環境を守りつつ、取引の公平性を大事にしながら、生産者たちが継続的にコーヒー豆の生産ができるように努めなくてはいけません。

美味しいコーヒーを安心して楽しめる世界を続けるには、生産者の利益が確保されていなければなりません。安定してコーヒー栽培を続けられる生産体制を確保することが大切です。

第1章でお話ししましたが、コーヒーは大量生産・大量消費の時代を経て、品質を求める時代へと変化してきました。安く飲めればいいのではなく、安心して美味しく飲めるコーヒー、嗜好性の高いコーヒーが求められるようになっています。トレーサビリティとサステナビリティに配慮したスペシャルティコーヒーは時代の要請とも言えるでしょう。

SNSによって進む個人生産者の躍進

小規模農園が注目を集める機会は、以前は品評会しかありませんでした。

しかし近年では、SNSでの発信に熱心な生産者も増えています。インスタグラムなどを使って、コーヒーチェリーの画像を載せたり、品質向上のための取り組みを見せたりと、世界に向けて自身の取り組みを発信しているのです。きちんとブランド化しているわけですね。やはりこうしたプレゼンテーションがうまい生産者は知名度の向上に成功しています。

そして、成功している生産者は大きな収入を得ています。

「コーヒー生産者は貧しい」というイメージを持っている人も多いのですが、とんでもないことです。プライベートジェットを持てるくらいの高額収入を得ている人だっています。

とは言っても、それは一部の話。植民地時代から続く消費国・生産国間の格差のみならず、実は生産者間の格差が激しいというのが現状です。

ただし、スペシャルティコーヒーを作れば儲かるという単純な話でもありません。

ダイレクトトレードの場合、新型コロナウイルスの世界的流行のように予測不可能なことが起きた際に誰も助けてくれません。コモディティコーヒーなら、農協のような組織が助けてくれることもあるでしょう。しかし、ダイレクトトレードのスペシャルティコーヒーはすべて自分の責任ですから、リスクも引き受けなければなりません。

SNSによってブランディングもやりやすくなったとはいえ、絶えまなき品質向上への努力と、信頼関係の構築、そして万が一の際の高度なリスクマネジメント能力があってこそ持続性の高い取り組みができるのです。

これは生産者のみならず、コーヒーの専門家や店についても言えます。SNSをうまく活用して情報発信し、成功している人や企業は多いのではないでしょうか。

消費者としても、さまざまな情報を得られるのはよいことです。情報をもとに自分好みのコーヒーにたどり着くことができるでしょうし、より手軽にコーヒーを楽しむことができるでしょう。

インターネットやSNSの弊害があるとすれば、簡単に情報にアクセスできることによって「わかった気になってしまう」ことだと思っています。実際に見て触ったわけでもないのに、わかった気になっただけという人もいます。

この業界に15年以上いる私でも、コーヒーについて全部わかっているなんてとても言えません。まだまだわからないことだらけですし、バイヤーやロースターなどそれぞれの道のプロには敵いませんし、競えるとも思いません。重要なことは学ぶ姿勢であり、知識だけインプットして満足することなく、実践して経験することだと感じています。

焙煎度合いの基準は店によって違う

その道のプロといえば、焙煎もプロフェッショナルによる仕事です。

生産国から日本に届いた生豆は淡い緑色をしており、そのままでは飲むことができません。コーヒーを楽しむために欠かすことのできない重要な工程が焙煎です。すでに解説したとおり、歴史上でも焙煎の発明によってコーヒーの味わいは飛躍的に向上しました。

生豆に火を通すことによって、コーヒーらしい香り、苦み、甘み、酸味といった味わいを引き出すことができるのです。焙煎の時間や温度によって、同じコーヒー豆でもかなり味わいが変化します。ただ焼けばいいというものではなく、高度な技術の求められる工程です。

消費者としてコーヒーを選ぶ際も、焙煎度合いは重要な要素のひとつですよね。「浅煎りが好き」「深煎りが好き」といった好みがあるのではないでしょうか。

焙煎度合いは大まかに「浅煎り」「中煎り」「深煎り」の3つに分けられています。一般的には「浅煎り」は酸味が強くスッキリ、「深煎り」は苦みが強くコクがある、というふうな違いがあります。

もっと細かく分けて表示している店もあります。

ただ、焙煎度合いには明確な基準があるわけではありません。水分値や豆の色を数値化して定義しているわけではなく、主観的なものです。店や地域によってまちまちなのです。「浅煎りが好み」と思っていても、別の店では浅すぎる、深すぎるということが起こりえます。自分の好みと大きくずれることがあるのです。

ですから、気になる店で初めてコーヒーを買ったとき、酸味や苦みが強すぎると思ったら、次は焙煎度合いを一段階低く、あるいは高くしてみるといいでしょう。焙煎度合いは絶対的な基準にはなりませんが、重要な尺度のひとつです。

より正確に判断するのであれば、その店の尺度の幅を確認するために、複数の焙煎度合いの豆を購入して試すのがいいでしょう。

焙煎度合いのベストは？

焙煎度合いにも流行があります。浅煎り・深煎り論争には決着がつきません。

私が焙煎に関してもっとも重要だと思っているのは、「その豆に適した焙煎度合いか」ということです。当たり前のことですが、素材に合った焙煎にすべきだと思うのです。

たとえば、高地で育った硬い生豆の場合は深煎りにして、コクやまろやかな味わいを引き出すのもよいかもしれません。華やかで繊細な香りを持つ品種なら、浅煎りでフルーティーな酸味を引き出すのもよいかもしれません。

浅煎りが常に豆本来の味わいを引き出すとは限らないのです。

素材に合わせて、どこまで焙煎するか？　豆の状態から適切なポイントを見極める、まさにプロフェッショナルの仕事です。

ちなみに焙煎のプロを「**焙煎士**」や「**ロースター**」と呼びます。

焙煎士には公的な資格があるわけではないので、誰でも名乗ることはできます。しかし、やはり焙煎士を名乗るには相応のトレーニングが必要でしょう。

焙煎エラーで起こる違和感

素材に合わせる以前に、焙煎にエラーがあると味わいに違和感が生まれます。

焙煎は豆に火を通すことですから、焼き続ければ最終的には「焦げ」になります。黒焦げになってしまえば豆本来の味わいどころではありません。逆に、豆の中心まで熱が伝わりきっていなければ生焼け状態です。

焙煎をどこで止めるか。いわゆる「**煎り止め**」のポイントを探すことが重要です。

いつものコーヒー豆を買ったのに、なんだか違和感がある……という場合、多くは焙煎エラーが原因です。

主な焙煎エラーは、次のようになっています。

①豆が焦げている

許容範囲を超えた苦みが出ます。

②豆の内部に火が通っていない

浅煎りでよく見られるエラーです。刺激的な収斂《しゅうれん》味やエグ味が出ます。浅煎りが難しいのは、この点です。中煎り、深煎りであればこの心配はありません。

③豆の表面が焦げており、中まで火が通っていない
焙煎の序盤で過剰な火力をかけることで豆の表面が焦げ、後半で豆の中心まで熱を伝えきれなかったことで起こります。豆が焦げた苦みと、生焼けの収斂味が出てしまいます。

生豆を仕入れて焙煎し、卸売りまたは小売りする業者も、焙煎士と同じく「**ロースター**」と呼びます。焙煎で難しいのは、豆の状態や気候といった不確定要素を把握しながら、一定の品質を保つことです。一流と呼ばれるロースターは、再現性高く焙煎できるよう常に努力を重ねています。

焙煎機の低価格化が起こす問題

これまで焙煎は経験や感覚に基づく、職人的な要素の強い工程でした。しかし、近年は焙煎用ソフトウェアも登場し、データに基づいて目指す焙煎度合いを再現できるようになってきました。焙煎も再現性高くコントロールできるようになったのです。たとえば「**クロップスター**」というソフトがあります。焙煎中の火力や豆の温度などを記録することができるので、そのデータを見ながら焙煎すれば、再現性をより高められます。

素材に合った焙煎の仕方をクラウド上に、データ（焙煎プロファイル）にして公開することもできるでしょう。経験の少ない人でも、焙煎プロファイルを見ながら失敗なく焼くことができるようになってきています。

そして、昔は手に入れるのにハードルが高かった焙煎機が、安価になっています。かつては、ロースターになろうと思ったら大きな設備投資が必要でした。業務用焙煎機を500万円や1000万円で購入し、広いスペースにガスを引き、煙突を作って準備しなければなりませんでした。

ところが近年は焙煎機が小型化し、業務用焙煎機でも100万円以下のものが増えています。一度に焙煎する量が1kg以下でよければ、50万円で手に入る焙煎機もあります。電気式で100Vほどで使用できるので、もちろんガスを引いたりといった焙煎機以外への投資も不要です。

しかもいまは、インターネットやSNSを活用しながら販売すれば、実店舗を持つ必要すらありません。生豆を購入して小型焙煎機で焙煎し、パッケージングしてインターネット販売することが可能です。誰でもコーヒーを売れる時代になっているのです。

いまは小規模なロースターが乱立しています。日本だけでなく、世界的にそうです。

さらには**家庭用焙煎機**まで登場しました。

生豆を購入して自宅で焙煎し、本格的なコーヒーが楽しめるようになってきたのです。もちろん、これまでお話ししたように焙煎には本来、相当な経験と技術が必要です。しかし、コンピューターで火力を制御することによって、失敗なく焙煎できるようになっているものが出ています。手動でドラムを回しながら焙煎を楽しむタイプのものから、全自動のものまで。電気を使った自動タイプなら、焙煎の時間や温度を設定し、スイッチを押すだけです。

こうなってくると、焙煎なんて誰でもできるという感覚になるのではないでしょうか。

業務用焙煎機の展示会などを見ても、最新の焙煎機はどれもソフトウェア搭載。豆の状態を常に見ながら煎り止めポイントを探る職人的な技術は必要なくなったかのように見えます。

私もラボに最新の焙煎機を置いており、クラウド上の焙煎プロファイルを使って焼くことがあります。カッピングして、たとえば「もっとコクがあったほうがこの豆に合っている」と思えば、プロファイルを変更して焼き直します。

このように、とりあえず焙煎プロファイルで焼き、カッピングして評価し、細かな修正をしていくということが簡単にできてしまいます。これはつまり、これまで**ロースターが時間をかけて磨いていた焙煎レシピの開発も、個人で加速度的に行うことができる**ということです。

とはいっても、こういったテクノロジーを使えば完璧な焙煎が行えるかというと、まだそういうわけではありません。まったく同じ焙煎プロファイルで同じように焼いても、毎回同じ味わいになることはないのです。それだけ、**焙煎にはまだ解明されていない部分があるのです。**火力や時間、豆の温度、水分量など数値で表せるもの以外にも不確定要素がたくさんあります。

すべての不確定要素を機械でコントロールできるようになるのは、まだまだ先の話です。熟練のロースターの出番がなくなるということは、しばらくないでしょう。

けれども焙煎機と技術の普及によって、ロースターの新規参入が増えたのは事実です。消費者にとっては、新規ロースターが増えたことで、そのロースターが本当に焙煎ができているのかどうか判断するのが難しくなるでしょう。インターネット上でのマーケティングが上手でも、焙煎技術は素人かもしれません。「浅煎りの豆です」と言いながら、毎回味がブレてしまうことだってあります。

焙煎豆は一見しただけでは成功・失敗がわかりにくいのも問題です。どれも黒や茶色で同じように見えるかもしれません。しかし、味を見れば、すぐにわかります。機械に頼って品質の追求が自分でできないロースターはそのうち淘汰《とうた》されていくでしょう。

コンビニコーヒーの裏側で何が起きていたのか？

今度はコモディティコーヒーの世界に目を向けてみましょう。

いまやコンビニでコーヒーを買うのが当たり前の日本。日本全国におよそ5万7000店あるコンビニで、手軽に美味しいコーヒーを買うことができるようになっています。

コンビニコーヒーの流行を牽引《けんいん》したのは業界トップのセブン-イレブンでした。201

セブンカフェを発表する井阪隆一社長（写真右、肩書は当時）とカップやサーバーのアートディレクションを担当した佐藤可士和氏。 写真：読売新聞/アフロ

3年1月、コンビニ業界で初めて、100円のプレミアムコーヒーを提供し始めたのが「**セブンカフェ**」です。100円でこんなに美味しいコーヒーが飲めるのかと驚いた人も多かったでしょう。

実際、日本のコンビニコーヒーのクオリティは、バリスタの私から見ても素晴らしいです。100円で提供できるなんてありえないレベルです。海外にも安いコーヒーはありますがクオリティが違います。美味しいプレミアムコーヒーがこの安さというのは見たことがありません。

だから海外からコーヒーの関係者が日本に来たときは、私は必ずコンビニに連れていきます。すると、たいてい「勘弁してよ、ヒデ。こんなところでコーヒー飲みたくないよ」と一度は拒否されます。「いいから飲んでみて」。さらにすすめると、しぶしぶ口にして目を見開きます。

「何これ、美味しい！　こんなに安く提供する日本ってすごいね！」

そんなふうに必ず驚いてもらえます。これが、井崎流・日本のおもてなしです（笑）。

日本ではすっかり当たり前になってしまった100円コーヒーですが、世界からすると全然当たり前ではないのです。

いまではお忘れの方も多いですが、**100円プレミアムコーヒーの先駆者は、日本マクドナルド**です。2008年に100円で飲める本格コーヒーを提供し始め、大人気になりました。それまでより高品質のコーヒー豆を使用し、全店に専用のコーヒーメーカーを置き、大々的に宣伝したのです。これにより発売初年度は前年比3割増の2億6000万杯を売り上げたといいます。

私もコーヒーのプロたちと一緒に飲みに行きましたが、「これはやばい」と衝撃が走ったのを覚えています。

しかし、その後、日本マクドナルドは期限切れの鶏肉や食品への異物混入などのトラブルがあり、信用は失墜。そこへセブン‐イレブンの「100円コーヒー」が登場し、完全に100円プレミアムコーヒーの市場は塗り替えられてしまいました。以降、100円コーヒーといえばセブン、というイメージが根付きます。

マクドナルドのコーヒーは何が違うのか？

危機に陥った日本マクドナルドでしたが、地道に信頼を回復するための手を打ち続け、2016年頃には業績も回復。再びコーヒーの品質改善に取り組みたいということで、ありがたいことに私に声がかかりました。

私がコンサルティングをする際は、まず現場に張りついてこの目で見ることから始めます。お客さんがどういうふうにコーヒーを飲んでいるか観察するところからスタートするのです。

マクドナルドの場合、現場を見る前は、お客さんはコーヒーを単体で飲むか、アップルパイなどの甘いものとペアリングして飲むかの2パターンが多いのではないかと思っていました。

ところが違いました。一番多いのはセットメニューでコーヒーを選ぶケースだったのです。マックでコーヒーを楽しむ人からすれば当たり前のことかもしれませんが、コーヒーの常識からはなかなか考えられないコンビネーションです。ということは、ハンバーガーやポテトを食べながら同時に楽しめるコーヒーにする必要があります。

次に多いのが、これは予想どおりですが、コーヒー単体でゆっくり過ごすお客さんでした。本を読むなどして比較的長い時間滞在しています。

これはコンビニコーヒーとはまったく違うところです。よって、味の設計はコンビニコーヒーと違うものになるはずです。時間が経っても味の変化が少なく、冷めても美味しいコーヒーであることが重要になります。

何度も言ってきたように、味は主観的なものです。好みによって選択が変わるため、基本的には「どれが一番美味しいか」というのは難しい問題です。

もし私がマクドナルドの100円コーヒーを監修した際、手を抜いて、マクドナルド側の試作品をその場で飲んで「一番美味しいコーヒー」を決めていたらどうなっていたでしょうか。おそらく、その「一番美味しいコーヒー」は「井崎英典にとって一番美味しいコーヒー」でしかなく、「マクドナルドユーザーが求めているコーヒー」ではなかったでしょう。

マクドナルドやコンビニチェーン各社のコーヒーの違いを比較して、優劣をつけているインフルエンサーなどもいますが、私に言わせればナンセンスです。それぞれの客層や企業側の狙いに合わせた、それぞれのバリューがあるのです。

マクドナルドの場合は、ハンバーガーとポテトに合い、冷めても比較的味が落ちないコーヒーが必要でした。詳しくは伏せますが、さらにほかにも重視すべきバリューを洗い出して、開発は進みました。

結果的に、マクドナルドのコーヒーは劇的に変わりました。100円プレミアムコーヒーのシェアを大きく奪い返し、成功したのです。

コンビニコーヒーとマクドナルドのコーヒー、どちらが美味しいかということではなく、それぞれに合ったコーヒーがあり、きちんと価値を出せれば結果がついてくるのです。

もちろん、突き抜けたセンスがヒットを飛ばすこともあるでしょうが、基本的には、**あらゆる商品・サービスの開発は、市場研究から入るべき**、というのがビジネスの前提となる考え方です。

ヒットには理由があり、その理由を事前に仮説として立てるのがあるべき筋道です。

なぜ100円でプレミアムコーヒーが提供できるのか？

ところで、高品質のプレミアムコーヒーをたった100円ほどで提供できるのはなぜでしょうか。

高品質のコーヒー豆を使えば原価率が上昇し、利益が出ないのが普通です。

しかし、コンビニにとって美味しいコーヒーは（言い方は悪いかもしれませんが）撒《ま》き餌《え》のようなもの。身近なコンビニで手軽に美味しいコーヒーが飲めるなら、お客さんはやってきます。そして、コーヒーと一緒にサンドイッチを買う。お弁当を買う。デザートを買う。ついでにいろいろ買うでしょう。コーヒー目当てで足を運んでもらえればいいのです。つまり、**コーヒーは「販売促進費」と考える**ことができます。

撒き餌に徹するなら、下手にコストカットに手を出して味を落としてはいけません。本当に美味しいコーヒーである必要があります。そうでなければお客さんは寄ってきてくれません。ですからコンビニ各社は努力して美味しさを追求しています。パッケージデザインやマシンなど見せ方も含めてブランドを作り、「○○のコーヒーは美味しい」というイメージを作り上げています。

ファストフード店もそうです。コーヒー単体で利益が出なくとも、セットでハンバーガーを買ってもらえたらいいのです。「美味しいコーヒーが飲めるから行こう」と思ってもらえるよう、品質を高める努力をしています。

缶コーヒーに見える日本の開発努力

日本で100円台で飲めるコーヒーと言えば、缶コーヒーやペットボトルコーヒーも外せません。スーパーやコンビニだけでなく、自動販売機で買って手軽に楽しむことができますね。外国人は、缶コーヒーのクオリティの高さにも驚きます。こういった低価格で高品質のものを作ることにかけては、日本は本当にすごいと思います。

日本で缶コーヒーが広まったのは、1970年頃からです。1969年にUCC上島珈琲の創業者・上島忠雄氏が世界で初めて缶入りのミルクコーヒーを開発し、製造販売をスタートさせたのがひとつのきっかけです。

UCCのミルクコーヒー缶。パッケージに書かれた「SINCE 1969」が缶コーヒーの歴史を物語っている。

ビン入りミルクコーヒーはすでにあったのですが、それを缶入りにするには大変な努力が必要でした。長期保存できる缶入りにするには加熱殺菌をしなければなりませんが、そうするとコーヒーの香りは飛んでしまいます。また、缶とコーヒーが化学反応を起こして真っ黒になってしまう、ミルクとコーヒーがどうしても分離してしまうといった難問がありましたが、これらの課題を解決することでようやくミルクコーヒー缶が商品化できたのです。1970年に開催された大阪万博で、UCC缶コーヒーは認知されるようになり、爆発的ヒットとなりました。

その後も缶コーヒーの世界では研究開発と企業努力が地道に繰り返され、いまでは無香料のブラックコーヒーも美味しく飲むことができています。これはすごいことなのです。

ところで近年は缶コーヒーよりもペットボトルコーヒーの存在感が増しています。缶コーヒー人気が低迷し始めた理由のひとつは、昨今の嫌煙ムードとともにタバコを吸いながら缶コーヒーを飲む人が減ったからでしょう。

缶コーヒーは持ち運びができず、その場で飲みきらなければなりませんが、ペットボトルなら持ち運びできます。2017年4月にサントリーのペットボトルコーヒー「クラフトボス」が発売され、大ヒットとなりました。ペットボトルコーヒーは、何度かに分けてチビチビ、ダラダラ飲む「チビダラ飲み」に合うように、味が薄くなっています。

そして、時間が経っても味が変わりにくいレシピで作られているのも大きなポイント。マクドナルドとコンビニ各社が違うように、缶とペットボトルは似て非なるユーザーを抱えているのです。

このように、その時代のニーズに合わせながら、缶コーヒーやペットボトルコーヒーも進化し続けています。

100円プレミアムコーヒーの弊害とは?

ここまで見てきたように、日本のコモディティコーヒーのレベルは断トツと言っていいほど高いのです。さまざまな企業が努力を続け、驚異的な安さで美味しいコーヒーが飲める国です。

これは消費者にとっては嬉しい話であると同時に、弊害もあると思っています。

日本企業の努力が残した正の遺産は、言うまでもなく、コモディティコーヒー全体の品質が上がったということです。

100円コーヒーがこんなに美味しいのですから、「安かろうまずかろう」では売れません。スタンダードのレベルが高くなったのはいいことでしょう。消費者も本当に美味しいコーヒーの味を覚え、それがスペシャルティコーヒーや家で淹れるドリップコーヒーといった、コーヒーの奥深い世界への懸け橋になっているのも事実です。

一方で、「いいものを安く作る」精神が強く、「いいものが高く売れない」という弊害もあります。

高価格なスペシャルティコーヒーを、安価で出す店もあります。数百円で、一日数百杯販売して売り上げを立てています。スペシャルティコーヒーを身近にするために必要なアプローチだとは理解できますが、私は、真逆のアプローチがあってよいと思います。「高品質なコーヒーをできる限り安く提供すること」だけが正しいとはどうしても思えません。たとえば、ミシュランの星付きシェフが高級材料で作った料理を、紙皿で食べたいですか？　いかに安くとも、それでは台無しだと思う人が多いのではないでしょうか。何かの記念日に三つ星レストランに行くとして、それは料理の味だけを求めているわけではないはずです。空間、雰囲気、食器などを含め総合的な体験として楽しみますよね。

それにミシュラン三つ星レストランが安売りをしていれば利益率は下がっていき、シェフの鍛錬やよりよい素材の探究に充てる資金もなくなってしまいます。結果、前より味は落ちるか、低い利益率で我慢を続けるほかありません。

生きるための飲み食いは別ですが、サービス業としての飲食の本質は体験の提供ではないでしょうか。スペシャルな体験を提供するために、相応の価格をつけるのが本当です。そうでなければ、お客さんも提供者側も豊かになれないのです。

スペシャルティコーヒーとコモディティコーヒーは、別のものです。そもそも、スペシャルティコーヒーは、大量生産・大量消費のカウンターカルチャーとして出てきているのです。コモディティコーヒーのビジネスモデルに追従するのではなく、高付加価値のビジネスモデルから学ぶ必要があると思います。

そう考えると、スペシャルティコーヒーを500円や600円で提供することには、賛同できません。100円コーヒーと同じ土俵に乗ったら、当然、比較されます。スペシャルティコーヒーは確かに品質がいいし、美味しいでしょう。しかし、100円コーヒーがすでに充分美味しいのです。果たして、その5倍や6倍美味しいと言えるでしょうか？判断が難しいと言わざるをえません。そうではなく、付加価値を設けてスペシャルティコーヒーの土俵でやっていかなければ、薄利多売の相当厳しい世界になるはずです。

そもそも、コーヒーを含め嗜好品は価格の幅があってしかるべきです。100円のものもあれば、1万円のものもあっていいのです。ワインだって、一本が数百円のものから数百万円、数千万円の超高級ワインまでありますよね。

日本は、高付加価値の高額商品が浸透しにくいのが難しいところです。消費者が「コスパ」を重視しすぎると、精神的にも物質的にも豊かさから遠のくのではないかと考えます。コーヒーの本質的な価値は「精神の解放」だと思っている私は、コスパというキーワードにせっかくのコーヒーが搦《から》め捕られてしまうことに歯がゆい気持ちになります。

成功しているビジネスは付加価値の創造がうまいのです。ブランド化による単価アップと言ってもいいでしょう。

たとえば、アップルのｉＰｏｄはソニーのウォークマンに出遅れながらも、魅せ方を工夫してシェアを奪いました。ｉＰｈｏｎｅは電話器に、思いもかけなかった「インターネット」という付加価値をつけることで、市場の構造そのものを変えました。

コーヒーはもちろん、飲食業を中心に、インバウンドが増えるこれからはますます、日本企業も、もっと値付けに大胆である必要があると思います。

バリスタとはコーヒーの編集者

ブランド化が必要なのは、「バリスタ」という職業も同じだと思っています。

その話をする前に、そもそもバリスタとは何者かをご説明しておきましょう。

バリスタとは、もともとイタリア語で「バールで働く人」のことですが、日本では「コーヒーを淹れるプロ」として認知されています。コーヒーの知識と技術を持ち、美味しいコーヒーを楽しんでもらうための演出ができる人です。主な職場は、カフェやコーヒー専門店、レストランなど。スターバックスが、コーヒーを淹れるスタッフを「バリスタ」と呼んでいることも、この言葉の認知拡大のきっかけになったのではないでしょうか。

世界中にバリスタがいて、日々コーヒーを淹れ、サービスしています。

バリスタに必要なスキルとは具体的にどんなものなのか？ それを知るには、バリスタの世界ナンバーワンを決める「ワールド・バリスタ・チャンピオンシップ（WBC）」で求められるものを見るのが早いでしょう。

筆者（写真左）はWBCでアジア人初のチャンピオンとなった。2位以下に続いたバリスタたちと喜びを分かち合う。

ＷＢＣは、世界トップレベルの競技大会です。２０００年にスタートしてから一年に一度開催されており、世界60か国のバリスタが集まり競技を行います。ここに出場するためには、自国のチャンピオンシップで優勝していなければなりません。つまり、**各国のナンバーワンが集まって競うのがＷＢＣ**なのです。

この大会に参加したバリスタは、

①エスプレッソ
②ミルクビバレッジ
③シグネチャービバレッジ

をそれぞれ4杯、合計12杯を15分以内に提供する必要があります。

ミルクビバレッジとは、カプチーノなど、ミルクを使ったエスプレッソベースのコーヒーです。シグネチャービバレッジとは、創作ドリンクのこと。使用するコーヒーとのシナジーを引き出すドリンクです。ちなみに、アルコールを使用したアレンジは認められていません。

審査員は、味や技術レベルはもとより、競技者によるプレゼンテーションも評価します。ただ味のいいコーヒーを提供できればいいわけではなく、「なぜこのコーヒーを出すのか」を語れなければなりません。


私は2014年のWBCで、アジア人で初めて優勝することができました。これで「世界一のバリスタ」の称号が与えられたわけです。

優勝するのは、簡単ではありませんでした。2013年に初めて世界大会に出たときの順位は13位。12位以上が準決勝に進めるのですが、私は12位と0・5点差で負けて、準決勝に進めなかったのです。

何がいけなかったのか。真剣に考える日々が始まります。

私はあらためて、「なぜこの大会に出たいのか」を考えることにしました。

そして、WBCでよい成績を残すため、トレーニングの過程でいつのまにか自分を押し殺していたことに気づきました。教わったとおりにやることを是としていたのです。でも、すべて教わったとおりにやって失敗したのだとしても、誰も責任をとってくれません。それなら、誰に何を言われようとも自分の思うようにやったほうがいい。

自分自身がユニークであるためには？　自分の強みと弱点とは何か？　「自分らしさ」とは何かを徹底的に考えるようになったのです。

そして臨んだ２０１４年の第15回大会で、見事優勝することができました。

自分らしさを考え抜いたことは、その後の事業に活きています。コーヒーのコンサルティングでは、「クライアントらしさとは何か」を考えたうえで結果にコミットしています。

そんな私が「バリスタとは何か？」と訊かれたときに答えるのは、「コーヒーの編集者」です。一般的には「美味しいコーヒーを淹れられる人」「エスプレッソの抽出ができたり、ラテアートができる人」という認識かもしれません。

しかし、ある程度美味しいコーヒーを淹れるというだけなら、全自動マシンにだってできることでしょう。そうした定義で考えている限り、バリスタの職業的価値を高めようがありません。

そうではなく、コーヒーを味わう体験をプロデュースできることがバリスタの価値になるはずです。コーヒーは高い豆を使えば美味しいというわけではありません。焙煎、抽出、パッケージ、コーヒーカップ、味わう空間や環境などによって、体験が変わるはずです。

それらを適切に編集することができる人であるべきだと思うのです。

世界中の活躍しているバリスタを見ると、コーヒーを淹れる技術だけではなく、コーヒーを通じた自己表現がうまいと感じます。だから、WBCもプレゼンを重視するのです。

ちなみに私は、世界で活動するバリスタとして「コーヒーと禅」をひとつのテーマにしています。ドリップコーヒーを淹れる作業が禅に通じるという話は第2章でもしました。日本人として、日本的な美意識を取り入れたコーヒー体験を作ることが、強みのひとつなのです。

これを続けるためにも、日本文化について勉強を続けています。コーヒーのみならず茶の作法を学び、南部鉄器など茶にまつわる伝統工芸にも興味津々で日本全国の産地を訪れています。もちろん個人的な趣味でもありますが、バリスタが編集者だとすれば、コーヒーの外へ飛び出したこうした課外学習も大切な仕事の一環だと思っています。

バリスタの現実と可能性

WBCが始まって20年以上が経ち、バリスタの社会的認知は向上しました。そろそろ次のフェーズに移る頃だと思っています。

私はバリスタの教育も行っているのですが、優秀なバリスタが活躍する場所があまりにも少ないことに胸を痛めています。

「井崎さん、すみません。バリスタをやめてほかの仕事をしようと思います。家族を養わないといけないので……」

そう言ってやめていく人を何人も見てきました。これまで一生懸命学んで技術を磨いて頑張ってきたのに、やめざるをえないというのは、どれほどさみしいことでしょうか。

確かに、コーヒーショップで美味しいコーヒーを給仕する職業としてなら、バリスタはどう考えてもさほど収入が上がっていきません。

実際、WBCチャンピオンの私が淹れても、アルバイトの誰かが淹れても、そのコーヒーの料金は同じ500円というのが現在の消費者の「普通」の感覚です。コーヒーの価格は豆の品質によって変わるけれども、淹れる人が誰でも同じなのです。ひとりが淹れられるコーヒーの数には限度がありますから、この構造である限り、バリスタが一流の職業になる未来は遠いでしょう。

この傾向は日本だけではありません。コーヒーは歴史もあり、世界中で楽しまれる嗜好品ですが、業界全体として取り組むべき課題が多くあります。

内装にもこだわられた清澄白河のKOFFEE MAMEYA -Kakeru-では、バリスタがコーヒーのコースを提供する。
写真提供：株式会社 嗜好品研究所

ただ、わずかながら新たな可能性の兆しは見えています。

たとえばオーストラリアのあるコーヒーショップでは、世界中の素晴らしいコーヒーを冷凍保存しています。お客さんはまるで一流レストランでワインを頼むように、店自慢のリストの中から選ぶのですが、その際、バリスタが丁寧に説明をします。そして、目の前で淹れて提供する。コーヒー一杯が3000円ほどしますが、ここでしかできないコーヒー体験を求めてお客さんたちはやってきます。

コーヒーに3000円なんて……と思うかもしれません。海外だから成立するのだろうと思うかもしれません。しかし、東京にも、似たスタイルの専門店が登場してきています。

世界中で同時多発的に、バリスタによる高付加価値のビジネスモデルが出始めているのです。まだ少ないですが、今後こういったタイプの店は増えていくでしょう。前にも言いましたが、**いつでも手軽に美味しく飲める100円コーヒーの対岸に、格別の体験を届ける高級サービスがあるのが、嗜好品業界の健全な姿**だと思っています。値段とそれに応じたサービスのレンジが広ければ広いほど、消費者の楽しみ方も増えていくのですから。

なお、私自身もチャレンジをしているところです。

会員制のコーヒーバーを東京某所にオープンし、私がバリスタとして立ってサービスしています。ほかではできない最高の体験を提供したいと思っているので、コーヒー豆の選定はもちろん、空間演出を重視しました。芸能界の方々はもちろん、有名なシェフやビジネス界のＶＩＰなどが訪れ、コーヒー体験を楽しんでくださっています。

そしてまさにそこでの接客に、ＷＢＣでも競ったプレゼンが活きているなと感じます。

私は常々、**最強のビジネスモデルはスナック**なのではないかと思っています。というのも、スナックはお世辞にも高品質とは言えない飲食メニューに、ママの魅力という付加価値をつけて、しっかりと単価を取って提供しているからです。お客さんはお酒や食事を求めに来ているというより、ママに会いに来ているのです。

コーヒー専門店のバリスタも同じ存在です。ただ高いコーヒーをある程度の抽出技術で淹れるのであれば、一定以上のバリスタであれば誰でもかまわないということになります。そうではなく、バリスタの人間性を活かしたコース説明やフリートーク、そういった総合的価値を求めにお客さんはやってくるのです。

私が「バリスタは編集者であり、コーヒーを通じた自己表現がうまい人が生き残る」と言った意味がおわかりいただけたでしょうか？

コーヒーに限らず、あらゆるビジネスに通じる話だと思っています。

カフェインのないコーヒーが求められる理由

コーヒーの現在を語るうえで避けては通れないのが、**デカフェ**でしょう。

「精神の解放」に用いられてきた歴史からもわかるとおり、コーヒーが世界中に広まったのはその中核となる成分、カフェインの魅力が大きいわけですが、近年はカフェインを除去したデカフェが流行しています。カフェインレスという言い方もあります。

そもそもカフェインとは、コーヒー豆や茶葉、カカオなどに含まれるアルカロイド（窒素を含む天然由来の有機化合物）の一種です。血管拡張作用があるため、頭がスッキリして眠気覚ましや気分高揚のような作用、それから利尿作用があります。また、疲労回復や鎮痛に効果があること、交感神経が刺激されて基礎代謝や胃酸分泌が促進されることが知られています。

一方で、過剰に摂取すると健康に悪影響を及ぼすこともよく知られています。睡眠の質が下がったり、胃酸分泌過多で胃に負担がかかったりします。また、妊婦さんや緑内障の方など、健康上の理由でカフェインを控える人もいます。

ただ、カフェインに対する感受性は個人差が大きく、健康への影響を正確に評価することができません。ですから日本では明確な摂取許容量が決められているわけではありませんが、**欧州食品安全機関（ＥＦＳＡ）は健康な成人で一日あたり４００㎎までと定めています。**一般的なドリップコーヒーのカフェイン含有量は１００mLあたり60㎎程度なので、計算すると4～5杯というところでしょう。

実は欧米の人たちには、カフェインの分解能力が高くない人が一定数いると言われています。とくにアメリカはデカフェ市場が大きく、２０１６年の数字で恐縮ですが、コーヒー市場の約13％をデカフェが占めています。

逆に日本人はカフェインの分解能力が高い人が多いので、さほどデカフェのニーズも高くありません。市場としては1％未満です。

ただ、日本でも「カフェインはもっとコントロールして摂ろう」という流れができていると感じます。健康への悪影響を感じて禁じるというより、睡眠の質を高め、日中も落ち着いた時間を過ごすために、飲みたいは飲みたいけれども、できるなら適切な摂り方をしたいというわけです。

とくに「睡眠の質」は昨今の流行キーワードで、ヤクルト1000といった乳酸菌飲料が話題になりました。コーヒーにもその流れがやってきたということでしょう。

私が見る限り、高収入の人ほどカフェイン摂取のコントロールに気を使っています。夕方以降、昼以降はカフェインを摂らないと決めている人も少なくありません。

そういう方が私のコーヒーバーに来てデカフェを注文されるので、私はつい質問してしまいます。

「カフェインがいらないのであれば、デカフェを飲む必要もないのでは？」

カフェインのないコーヒーは、コーヒーと呼べるのだろうか。デカフェだって安くない。むしろ普通のコーヒーより高い場合も多い。それをわざわざ注文するのはなぜか。カフェインを摂りたくないないなら、そもそもコーヒーを飲まなければいいのに。バリスタとしては野暮な疑問かもしれませんが、素直にそう思ったのです。

すると多くの方はこう答えます。

「コーヒーを淹れる、コーヒーを飲むという行為そのものに意味があるんですよ」

なるほど。

これこそコーヒーの本質なのではないでしょうか。

コーヒーは、淹れようと思った瞬間から飲むまでが精神的な体験であり、その体験が重要なのです。

カフェインを抜く技術の進化

もちろん、デカフェなら何でもいいわけではありません。コーヒーの風味を大きく損なったデカフェだと、「コーヒーを飲む」という体験にはなりません。デカフェでも美味しい必要があります。また、カフェインを取り除く処理の過程がよくわからないため、本当に安全なのかと不安に思う人もいるかもしれません。

そもそも、一体どのようにしてコーヒーからカフェインを取り除いているのでしょうか。

ルンゲ（1794～1867年）はカフェイン以外にも多くの化合物を発見した。

デカフェの歴史は意外に古く、コーヒーからカフェインを取り出すことに初めて成功したのは１８１９年のこと。ドイツの化学者フリードリヒ・ルンゲです。**植物から毒素を抽出する研究にいそしんでいたルンゲに、かの文豪ゲーテがコーヒーの生豆を渡し、「この成分を調べてみないか」と問いかけたのがきっかけ**だといいます。ルンゲはコーヒー豆から分離させることができた成分に「カフェイン」と名づけました。

その後、**１９０６年にドイツで有機溶媒を使った脱カフェイン法が開発**されます。塩化メチレンや酢酸エチルといった有機溶媒でカフェインを溶かす方法です。この方法は現在でも使われています。低コストでできるのですが、薬剤が食品に直接触れるというのが安全衛生上の懸念です。よって、日本では許可されていません。

またこの方法は、カフェイン以外の成分にも影響し、コーヒーの風味が損なわれてしまうので、海外の消費者からもあまり人気がないようです。たとえ健康に悪影響がなくとも、コーヒーの風味がないのであればあえて飲もうという気になりませんよね。安く飲めるデカフェとして需要が残っていると言っていいでしょう。

現在、**日本で主に飲まれているのは、水を使った脱カフェイン法**を採用したコーヒー豆です。薬品をいっさい使わず、生豆を水に漬けてカフェインを取り出すので安心・安全な方法です。

具体的には、こんな手順です。先にカフェイン以外のコーヒー成分が入った水溶液を作っておき、それに生豆を漬けると、カフェインが水溶液へ移動していきます。その水溶液を特殊なフィルターでろ過し、カフェインだけを取り出して、ほかの成分は戻します。これによってカフェインの99・9％を除去することができるのです。

もうひとつ、新たな手法としては「**超臨界二酸化炭素抽出法**」というものがあります。二酸化炭素を一定の温度と高い圧力で加工し、その特殊な二酸化炭素（超臨界二酸化炭素）を使って生豆のカフェインを取り出します。薬を使わず、味も損なわれないのでいまのところもっとも優秀な方法ですが、コストは高くなります。

こういった進化したデカフェ技術によって、安心・安全にカフェインを取り除いたコーヒーを楽しめるようになっています。

ただ、以前の私は、お客さんにもデカフェの意味を問うくらいですから、「デカフェは

「ヤバいデカフェ」開発中の筆者。

美味しくない」と思っていました。実際、以前はデカフェの品質はあまりよいとは言えず、私の家でも妻が妊娠してコーヒーを控えることにしたのをきっかけに、国内のさまざまなデカフェを試したのですが、「これは」と思うものにはなかなか出会えませんでした。

品質が上がらないのには理由があって、日本のデカフェ市場は非常に小さいのです。確かに最近はデカフェブームの流れがありますが、そうは言っても欧米に比べるとまだまだです。努力して美味しいデカフェを作ってもたいして売れないので、企業側もそこまで熱心に開発していないのでしょう。

そこで私は、自分でデカフェを開発することにしました。

コーヒー豆はスペシャルティコーヒーを、脱カフェイン法には超臨界二酸化炭素抽出法と、よいものを作るためには妥協せず、焙煎プロファイルも独自に設定。納得できる出来だったので、「ヤバいデカフェ」として商品化して販売しています。

私はここで自分の商品を宣伝したいわけではなく（もちろん興味を持っていただけたら嬉しいですが）、ただ、デカフェだってちゃんと作れば美味しくなる、ということを伝えたいのです。今後、技術が普及して製造がより安価になれば、美味しいデカフェが通常価格で買える時代がすぐ来るでしょう。

いまでは私自身も、夕方以降のコーヒーブレイクをデカフェに変え、明らかに睡眠の質がよくなったことを実感しています。コーヒー好きも文句なしに満足するデカフェが普及すれば、昼までは普通のコーヒー、夕方以降はデカフェという習慣が広がることでしょう。

機能性コーヒーは流行るのか？

デカフェに注目が集まる一方で、もっと積極的に健康を意識した**「機能性コーヒー」**も出てきています。たとえば、血圧を下げる成分や血糖値上昇を抑制する成分を特別に加えたコーヒー。「いつものコーヒーをこれに変えれば、健康になれる」という期待が持てるような飲料です。

実はいま**アメリカの機能性飲料市場は大きく成長しており、食品産業協会（ＦＭＩ）は２０２２年から２０３２年にかけて年平均６％の驚異的な成長を遂げるだろうと予測**しています。健康志向の高い人が増えており、忙しい中でもさっと飲める「Ready To Drink（RTD）」（缶やペットボトルなど栓を開けてすぐ飲める飲料のこと）市場の中でも機能性飲料がトレンドになっているのです。

流行の一翼を担っているのが、**CBDコーヒー**。

CBDとは、大麻の成分の40％を占めると言われている「**カンナビジオール**」の略称です。大麻に含まれる代表的な成分はTHCとCBDであり、THCのほうは摂取するといわゆる「ハイ」になるので日本では法律で禁止されています。一方、CBDはストレス緩和やリラックス作用があり、安全性が認められています。日本でも合法の成分です。

このCBDを加えた飲料がアメリカではトレンドになっており、CBDコーヒーもそのひとつなのです。

ほかにも、睡眠の質を上げ、集中力を高めるテアニンを加えたもの、脂肪を燃焼させやすくするカルニチンを加えたものなど、さまざまな機能性コーヒーがあります。

アメリカのスーパーマーケット、ホール・フーズ・マーケットに行くと、RTDの棚に機能性飲料コーナーがあり、さまざまな商品がズラリと並んでいます。そこで一度に大量に購入し、常に飲めるようにしておくというのがよくある購入パターンです。

ただ、アメリカの缶コーヒーは日本と違って安くありません。一缶で5ドルくらいするのが普通です。カフェで飲むのと変わらないですし、カフェなら無料でおかわりができるところも多いので、現地の人は、むしろ缶コーヒーのほうがスペシャルという感覚かもしれません。

日本は世界最大のＲＴＤコーヒー市場ですが、すでにお話ししたとおり日本はガラパゴス的に進化しており特殊なので、機能性コーヒーが日本でも人気を得るかというと難しいだろうと思います。健康にいいと言っても６００円もする缶コーヒーはあまり買われないのではないでしょうか。

ただ、今後日本でももっと機能性飲料への注目が高まれば、よりよい機能性コーヒーが開発され、広がっていくかもしれません。このあたりは、日本の商品開発力に期待したいところです。

コーヒーに関する最新研究

最後に、コーヒーに関する最新の研究をご紹介して、この章は終わりにします。

先ほども挙げた話題ですが、結局、コーヒーは健康にいいのか、悪いのか。

コーヒーはダイエットに効果的、コーヒーを飲む人のほうが寿命が長い、認知症リスクが下がる……といった、コーヒーの利点を示す研究成果は頻繁に出されています。

私もコーヒーに関する研究は常にチェックしていて、興味深く見ています。ただ、特定の数値を調べた結果でよいとされても、別の面ではカフェインの過剰摂取になるかもしれず、鵜呑《うの》みにはできません。

たとえば、エスプレッソを一日9杯以上飲むとコレステロール値が下がるとしましょう。しかし、そんなにエスプレッソを飲むことが現実的かというと……特殊なのではと言わざるをえません。カフェインの過剰摂取で別の健康被害が起きていてもおかしくないと思います。

つまり、**コーヒーと健康の関係性は、コーヒーに含まれるどの成分に着目するかによって変わる**ので、結果として学者の中でも「コーヒーは体によい派」と「悪い派」に分かれてしまうのです。含まれる成分について、現在すべてが解明されているわけではないのも問題を複雑にしています。

ですので、私はコーヒーと健康を結びつけて語ることに、あまり大きな意味はないと考えています。あくまで、ひとつの示唆として非常におもしろいと思っています。結局は、個々人の飲み方や量、健康状態といったケースごとに判断するしかありません。

むしろ、研究が確実に明かしてくれるのは、コーヒーの「美味しさ」についてです。

興味深い例としては、２０１６年にオレゴン大学のクリストファー・レンドン助教授らが行った「コーヒー豆の温度と粒度分布」の研究があります。粒度分布とは、コーヒー豆を挽いたときの粒の大小のばらつきのことです。このばらつきが少ないほど、コーヒーを抽出する際のムラが出にくくなります。抽出において、粒度分布は重要なファクターなのです。

実験結果によると、豆の温度が低いほど粒度分布が狭くなります。つまり、**冷凍した豆は粒度のばらつきが小さくなり、狙ったとおりの抽出がしやすい**ということです。

以後、ワールド・バリスタ・チャンピオンシップでも、高品質なコーヒー豆をわざわざ凍らせてから挽いて抽出するバリスタが多くなりましたが、それはこういった科学的なデータに基づいているわけです。

また最新のスイスのチューリッヒ大学の研究では、抽出直後のコーヒーを瞬間的に冷却することで、本来揮発するはずだった香気成分の40％を抽出した液体にとどめておくことができる、Extraction Chillingという抽出方法が開発されたりもしています。

それから、水の成分が抽出にどう影響するかという研究。２０１４年に、イギリスのバース大学と共同で研究を行ったＷＢＣのイギリス代表マクスウェルが発表した内容です。

水の中に含まれるミネラルがコーヒーの抽出に大きな影響を与えていることがわかったのです。

カルシウム……主に**質感**（ボディやマウスフィール）を引き出す
マグネシウム……主に**酸味**（フルーティーさ）を引き出す

さらに重要なのは「**炭酸塩硬度**」の役割を解明したことです。炭酸塩硬度は緩衝材のような役割を持っています。コーヒーの味わいをバランスよくまとめてくれる存在です。しかし、炭酸塩硬度が高ければいいわけではありません。高すぎると豊かなフレーバーや酸味を打ち消してしまい、逆に低すぎると収斂性を引き出して酸味主体となってしまいます。

この研究から、水によってコーヒーの味わいは大きく変化することが明確になったのです。この事実を考慮して、どんな水を選べばいいのかは、本書最後の付章で解説することにしましょう。

時代とともにコーヒーに関する常識も変わるものです。これまで常識だと言われていたことが、最新の研究でくつがえされるなどというのもありえます。

私が本書で伝えていることも、あくまでも現状の見解に過ぎません。バリスタへの教育をする際にも、その点は強調しています。現在の常識、科学的知見は当然知っておかねばなりませんが、それも変化するかもしれないということです。過去の常識にとらわれる必要はありません。

柔軟に考え、常にアップデートしていく意識が必要でしょう。

5

コーヒーが教えてくれる
ビジネスの心得

コーヒーは、世界中で昔からビジネス上の激しい競争を繰り返してきたという一面があります。コーヒーを飲んでホッとするイメージとは裏腹に、コーヒービジネスでの戦いに敗れて涙を呑《の》んでいる人もたくさんいます。逆に、大成功して豊かさの輪を広げていく人や企業もあります。

本章では、そんなコーヒービジネスから私が学んだこと、コーヒーを通じて得たビジネス上の考え方をシェアしたいと思います。この本を読むビジネスパーソンの皆さんには、本章の内容こそもっとも伝えたいことです。

●●●コーヒー業界の抱える問題点

コーヒーの味わいを定点観測をしていると、味が変化したことに気づきます。あるコーヒーショップのいつものコーヒーを飲んで「あれ？　前より美味しくなくなったな」と思ったときは、何かしら原因があります。

私は日本でも海外でも交渉の場にいることがあるのでよくわかるのですが、裏側はこんな感じです。

サプライヤー側が「（厳しいので）もう少し値上げさせてください」と言うのに対し

「じゃあ、別のところにお願いするからいいよ」という超強気の交渉をするバイヤーがいて、サプライヤーは仕方なく赤字ギリギリで取引をします。もしくは、品質を下げたり、古い豆を使ったりしてどうにかする。そういうことが起きているのです。

最終的なコーヒーの価格を上げないというのは、あたかも企業努力をしているようですが、誰かが犠牲になっているのであれば間違っています。これは業界全体で変えていかねばならないことです。

昨今はSDGsが流行りですが、**「よいものに対して、きちんとお金を支払う」という意識こそSDGs的な精神**なのではないかと思っています。

コーヒーの歴史としてお話ししたとおり、かつて生産国では安い賃金で重労働をさせ、その結果、消費国では安くコーヒーを楽しむことができていました。時代は変わって、生産国VS消費国という単純な図式ではなくなりましたが、誰かに無理をさせて安く提供するというモデルはどこかに残り続けているようです。

スペシャルティコーヒーが「サステナビリティ」を重要なキーワードにしているように、美味しいコーヒーをこれからも楽しみたければ、関わる人が安定してこの仕事を続けられることが必須です。

いま目の前にある一杯のコーヒーには、たくさんの人が関わっています。

遠い国の生産者、輸出業者、商社、バイヤー、ロースター、コーヒーショップ、そして、プロが淹れたものならバリスタも。そのほかにも、コーヒーに関する研究者、パッケージや販促物など商品開発、マーケティングまわり。倉庫や物流で関わる人。

コーヒーは国内で生産できず、かつ、消費量は世界でもトップクラスの日本では、非常に複雑なサプライチェーンによって、やっとのことで私たちのもとに一杯のコーヒーが届いているのです。

日本には昔から「**三方よし**」というよい言葉があります。

ビジネスとは、消費者はもちろん関わる人すべてが豊かに幸せになるものであるべきでしょう。ビジネスの心得として、前提とも言えるものです。

残念ながら、植民地生産の時代から、コーヒービジネスはこの観点が足りなかったことは事実です。今後この是正をはかっていくことは、私を含めた現代のコーヒー業界人の責務でしょう。

ラディカルトランスペアレンシー

ＳＤＧｓや生産者保護の観点から言えば、いわゆるフードロスの問題はまずもって改善されなければならないでしょう。

コーヒーの果実を食用として楽しむ動きが出ていることは、第2章でもお話ししました。ところが私はそこから一歩進んで、コーヒーの花弁、葉、枝、外皮といった部分も活用できないかと模索しています。

これらの部分は、収穫時はもちろん、剪定時に産業廃棄物として大量に発生するものです。そもそも「フード」としてすら認知されてこなかったこれら廃材に目をつけることで、困窮するコーヒー農家の収入の足しに、少しでもならないかと考えました。

誕生したのが、ＬＩＦＵＬＬの開発に私がコンサルタントとして協力した「**PROUD LIBERICA COFFEE SYRUP**」です。コーヒーノキの廃材を利用したシロップで、卸売りに対応しているほか、協力店舗ではシロップを使ったメニューを提供しています。

いままではコストでしかなかった廃材を商材に変えるという意味わかりやすい取り

PROUD LIBERICA COFFEE SYRUPは、本来は廃材になる4つの部位をそれぞれシロップに加工した製品。

フィリピンのコーヒー農家と。

組みですが、コーヒーのトレーサビリティにもつながる、ビジネスのニュートレンドにも挑戦しています。

それが、「**ラディカルトランスペアレンシー（徹底的透明性）**」です。

前提として、「環境に負荷をかけていないか」「収益は関係者に公平に分配されているか」「不当な労働環境を労働者に強いていないか」といった、これまで見えなかった企業活動の裏側が購買動機に影響している、といった消費者の意識変化があります。実際、私のまわりでも、若い世代を中心に、「せっかくならエコな商品を買いたい」「フェアトレード商品を選びたい」という人が増えている印象です。

ラディカルトランスペアレンシーは、言葉のとおり、ラディカルなまで徹底的に透明性を担保することです。

PROUD LIBERICA COFFEE SYRUPは、原材料や産地はもちろん、廃材の買取価格や各種コスト、農家の利益まですべての数字を公開しています。一点の購入がどれほど農家を助けるのか可視化されていますし、私やLIFULLが不当に儲けているのではないこともすぐにおわかりいただけます（笑）。

また、製造工程やレシピをすべてオープンにすることで、ほかの事業者も類似プロジェクトに参入できるようにしています。なぜオープンにするのかというと、このプロジェク

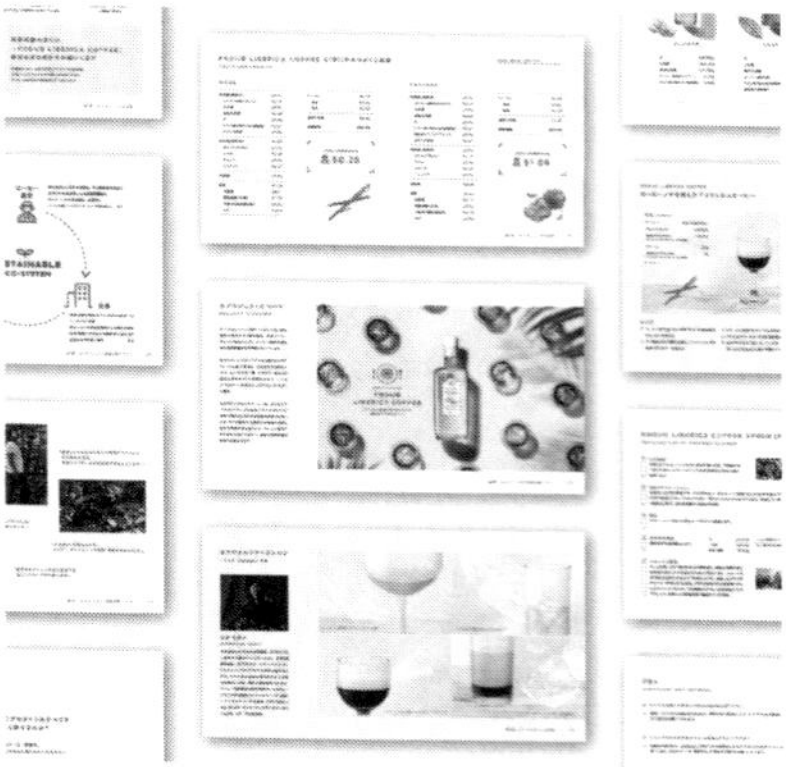

原材料の配合比率、製造工程、オリジナルレシピなどのデータを、公開資料にまとめてホームページで提供している。

トの目的は、あくまで農家の支援だからです。

とはいえ、結果としてこうした透明性が、消費者からの信頼を得て、最終的にはLIFULLの利益にもなるものだと信じています。すでに海外のアパレルブランドなどでは大々的に取り入れられているラディカルトランスペアレンシーですが、今後、日本でもこうした観点はビジネスになくてはならない要素になるでしょう。

PROUD LIBERICA COFFEE SYRUPが、どれだけデータを「ぶっちゃけ」ているか気になる方は、ぜひ検索してホームページを覗いてみてください。

体験を売るスターバックスに学ぶホスピタリティ

関わる人すべてが幸せになるという前提のうえで、近年のコーヒービジネスから学べることを見てみましょう。

コーヒービジネスの世界的成功例といえば、スターバックスがまず挙がるでしょう。人気であり続けるにはやはり理由があると感じます。スターバックスはコーヒーのみならず「体験」を売っているから、強いのです。

現在、世界に6店舗ある「**スターバックス リザーブ® ロースタリー**」をご存じでしょうか。店内で焙煎された最上級のコーヒーを味わえる場所ということですが、フロアごとにテーマがあり、コーヒーにまつわるテーマパークさながらです。

東京の中目黒にあるロースタリーは、4階建てで延べ面積は2966㎡もの広さがあります。1階には大きな焙煎設備があり、地下の倉庫から運ばれてきた生豆を焙煎する様子を見ることができます。そして、目の前でバリスタが抽出をしてくれるのです。

こういった演出、空間づくりは本当にうまいと思います。

それだけではありません。

スターバックス リザーブ® ロースタリーが初めてできたのは、2014年のシアトルでした。当時私は、コーヒー業界の有名人たちと一緒に早速行ってみました。「すごい空間だね」なんて雑談しながら座っていると、店内の回転掲示板にこう出てきたのです。

スターバックス リザーブ® ロースタリー 東京のこだわり抜かれた内観。

「Welcome WCE All Stars」（ワールドコーヒーイベントのスターたち、ようこそ）

ほかのお客さんには何のことかよくわからないかもしれません。ただ私たちだけに向けて、そう掲示してくれたのです。このホスピタリティには感激しました。カップにお客さんの名前とメッセージを書くサービスの延長にある、スターバックスらしいサプライズです。

スターバックスのコーヒーを悪く言う人もいますが、コーヒー自体の品質があまりに悪ければ、そもそもお客さんも来ないでしょう。ただ、これだけ長く愛されているブランド力は、コーヒーの魅力だけで培われたものではないはずです。

現に、コーヒーのプロである私たちも、空間や演出に圧倒され、虜《とりこ》にされたのです。スターバックスなど人気のコーヒーストアに対し、「コーヒー自体は普通だよね」と口にする人もいますが、とんでもないことです。彼らのスタイルには学ぶところがたくさんあるはずです。

ブランド化していくリテール

なぜ、スターバックスのようなブランド化が重要なのか。

私は、ますますブランド化が物を言う時代になってきたと感じます。

というのも、昔は上質なコーヒーがなかなか手に入らなかった時代もありましたが、いまはコンビニでも自動販売機でも手に入ります。家でも本格的なコーヒーを淹れることができるマシンが普及しているくらいですから、本当にいつでもどこでも美味しいコーヒーが飲める時代です。

そう、「いつでもどこでも美味しいコーヒー」の価値が相対的に下がっているのです。

だからこそ、リテールもブランド化がとても重要です。スペシャルティコーヒーの豆はブランド化が進んでいますが、いい豆をただ売ればいいわけではありません。それを消費者にどのような演出で提供していくのか。今後はそちらのほうも重要になるのではないでしょうか。

スターバックスやブルーボトルコーヒーといったアメリカ発のリテールは、まさにブランド化に成功しているリテールです。

福岡のコーヒーショップ「NO COFFEE」の店舗内観。コーヒー関連はもちろん、Tシャツからバッグまであらゆるグッズで世界観を演出している。 (c) NO CORPORATION

日本にも、おもしろいコーヒーショップがあります。たとえば福岡には、Tシャツやマグカップなどのオリジナルグッズを強く展開しているユニークな専門店があります。2015年12月のオープンの日に長蛇の列ができるほど、オープン前から話題になっていました。

この店のオーナーは、コーヒーをコミュニケーションツールとしてとらえ、コーヒーを軸に新たなライフスタイルを提案しています。コンバースなどとのコラボ商品といった新たな導線をしかけ続けることで、うまくファンを増やし、育てているなと感じます。

大事なことは、美味しいコーヒーが普通になってしまったいま、美味しいコーヒーの先に何を提供するかです。美味しいコーヒーだけ作っていればいいという職人的なバリスタ、店舗はこれから厳しい戦いを強いられるでしょう。

上流をおさえて差別化する

体験化以外での勝ち筋は、「**上流をおさえる**」ということです。

いいコーヒーを優先的に手に入れられるよう、生産者とのネットワークを築くのです。そして、「ここでしか手に入らない高品質なコーヒー」を取り扱えるなら、それは強いブランドになります。美味しいコーヒーの価値は高くありませんが、「ここでしか手に入らない」は大きな価値になるのです。

ただし、簡単なことではありません。生産国に足しげく通い、何十種類もカッピングして光るコーヒーを見つけることが必要です。輸出業者と信頼関係を築かなければ難しいでしょう。そして輸出業者と信頼関係を築くには、ある程度の量を継続的に買い続けることも必要になります。

この「上流をおさえる」に成功した日本での例としては、丸山珈琲が真っ先に挙げられるでしょう。

彼らは生産国へ通い、どんどん買い付けて関係を築いていきました。そのうちに世界中の良質なコーヒーを買い付けることができるネットワークを持ち、強くなっていったのです。

これができれば今後もやはり強いでしょう。

カッパーとしての能力を磨き、現地でコミュニケーションしながらいい豆を買い付けることで差別化するわけです。

あるいは、現在はオークションによっても、生産者と直接つながることができます。ちょこちょこ買っているだけではブランド化できませんが、生産者とつながり、信頼関係を築くことができれば、太いつながりになる可能性はあります。

まとめると、コーヒーに限らず、さまざまな業界で「上流（生産現場）で供給を独占する」「下流（提供現場）で体験の価値を創出する」ことが差別化に必須な考え方になっていると思います。

生産者に近いところか、消費者に近いところで差別化・ブランド化を考えるのです。

一流は「WHAT」ではなく「WHY」を考える

私はワールド・バリスタ・チャンピオンシップ（WBC）で世界一になったことから、

ます。

「世界で通用する人になるためにはどうすればいいか」といった質問をされることがあり

そんなとき私は、「なぜ」を考えられるかどうかが重要と話します。人に教えられたことをそのとおりにやるのも重要ですが、それだけではダメなのです。とくに日本人は1＋1＝2と教えられて覚えるということは得意です。しかし、「なぜ2が正解なんだろう？」と理由を突き詰めることをあまりしません。

すると、一定のレベルまでは行けますが、突き抜けることは難しい。活躍の場を世界と考えると、なおさらそうです。日本の常識と世界の常識は違うからです。価値観も背景も多様です。確実な成功法則や正解は存在しないと言っていいでしょう。

ですから、常に「なぜ」を考えることです。そして自分なりに答えを出しておくクセをつけること。間違っていてもいいから、「私はこう思う」と言えるようにしておくことが大事です。

私がバリスタ教育をする際には、徹底的に「なぜ」を考えるように教えています。

なぜ、WBCに出場したいのか？

なぜ、このコーヒー豆を選ぶのか？

なぜ、この焙煎度合いなのか？
なぜ、このプレゼンテーションをするのか？
なぜ、このファッション、髪形なのか？
こういったことに答えられなければなりません。すべてに理由があるのです。世界で活躍するバリスタは、考え抜いたうえで答えを持ってやっています。それが付加価値の創出につながるのです。考えがあるのなら、常識の逆を選ぶのでもいいでしょう。あるいは王道を行くのでも、自分なりの裏付けがあればいいのです。

バリスタに似た職業に、シェフがあります。私はシェフから、同じ話を聞いたことがあります。

ペルーのレストラン「Central（セントラル）」は、レストランの格付けで権威を持つThe World's 50 Best Restaurants（世界のレストラントップ50）の２０２２年版で2位に輝いた名店です。このレストランはほかの賞でも結果を残しており、オーナーのヴィルヒリオ・マルティネスはネットフリックスの人気番組「シェフのテーブル」でも取材された超一流シェフです。

彼に話を聞くと、徹底的に「なぜ」を突き詰め、理由を持って経営していることがよくわかります。彼はペルーの自然や文化を広く伝え、よりよい形で次世代につないでいくことを使命だと考え、食材の選び方から調理の仕方、食器類の提供まで、どれひとつとっても明確な理由を持っています。

思うに、「なぜ」に答えられないプロはいないと思うのです。楽しいから、美味しいコーヒーを淹れたいからというだけなら、アマチュアです。**一流は、自分がなぜそれをよいと思うのかを言語化できます。だから他人にも伝わり、評価される**のです。

実際、美味しいコーヒーを淹れるだけなら誰でもできます。いい豆を使い、いい機械を使って淹れれば美味しいコーヒーを楽しめるでしょう。でも、そこにとどまっていれば突き抜けることはできません。

イージーマネーに気をつけろ

バリスタ世界チャンピオンのように、わかりやすい肩書ができるとそれはひとつの信頼の証《あかし》になります。

コーヒー業界にはほかにもいろいろな民間資格や競技会があります。挑戦すれば技術も知識も磨かれますし、肩書に恥じない行動をとろうと努力するようにもなるでしょう。自分の名前でビジネスをしていく人にとって、どんな分野でも「世界チャンピオン」のようなわかりやすいブランドはとても重要です。

だからこそ、私はバリスタへの指導では「イージーマネーに気をつけろ」という話をします。たとえば、コーヒーの監修として一言二言アドバイスをするだけでお金をいただくような仕事には手を出さないほうがいいのです。

ラクに稼げるなどと思ってはいけません。ラクに出した成果は、見抜かれます。お客さんは想像している以上に敏感であることを、企業は心にとめておくべきでしょう。一度できたブランドにあぐらをかいてラクをしようとすれば、簡単に崩れていきます。せっかく苦労して築き上げてきたものだって、失うのは一瞬かもしれません。

私は「監修として簡単なアドバイスを……」という依頼でも、お断りしています。人によっては、そのほうが手間もなく、私が断りづらいと思っているようです。しかし、実際は違います。

コンサルタントとしてプロジェクトに入り込み、時には経営資料や財務諸表を見ながら結果にコミットして携わります。そのほうが私の強みを活かせるし、そこでの経験が強みを増幅し、さらなる信頼につながるからです。私が監修の仕事で、「コーヒーコンサルタント」を名乗るのはそれが理由です。商品を見ているのではなく、ビジネスを見ています。

父親たちのスペシャルティコーヒー奮闘記

現代のコーヒー業界は機械化も進み、また科学的知見に基づいて豆の生産処理や保管、焙煎が行われるなど、かなり論理的にコントロールされる範囲が大きくなっています。

私自身のコンサルティングも、マクドナルドの例でお伝えしたように、「なぜ」を論理的に詰めていきます。

ただ、時には論理を超えた「情熱」が世界を動かすというのも確かです。

日本の輝かしいコーヒービジネスを躍進させた先人たちを見ると、本当にそう思います。

実は私の父親もそうした先人のひとりです。

父は1996年から福岡でコーヒーショップを経営しています。生豆を輸入して焙煎し、それを卸したり店で販売したりするという、かつての典型的なコーヒーショップです。

私が小学生くらいのときに突然始めたこの店は、行きつけのコーヒーショップの店主から引き継いだということでした。父は独学で美味しいコーヒーを追究するのですが、そのうちにスペシャルティコーヒーの世界にハマり、生産国に出かけては、いいと思った豆を直接買い付けるようになりました。

ダイレクトトレードで、いい豆を仕入れようとしたわけです。

当時の私は「大変そうだな」というくらいでよくわかっていませんでしたが、コーヒービジネスに関わるようになってから、あらためて衝撃を受けました。

ダイレクトトレードとは、自分でコンテナを作って、すべて先払いで買うビジネスです。売れるかどうかわからない豆を、数千万円でコンテナを作って1年分仕入れ、対価を先に支払っているわけです。父の当時の事業について、ある時期を分析してみたところ、キャッシュが回収されない期間が約200日間もありました。

あらゆるビジネスの進展は、いかにキャッシュフローを改善するかにかかっています。ビジネスの論理からすれば、父の事業は最悪です。代わりに売却する資産もなく、銀行から借り入れをして、とにかく必死にやっていたそうです。

しかも、これを個人がやっているのですから驚きです。「ありえない」と言いたくなるくらい無謀な挑戦ですが、「美味しいコーヒーだから売ってみせる」という情熱ですべて乗り越えてきました。

さらに、そんなにキャッシュのない状態で、コーヒー豆を買いに来てくれたお客さんにはカプチーノ一杯を無料でサービスなんていうことまでやっていました。すると、お客さんが友達を連れてきます。4人で連れだって来たお客さんに、4杯のカプチーノをサービスする。購入してくれるのは、たった一袋の豆なのに。

これでは大赤字です。

でも、そうやって地道にファンを作り、最終的には売上を伸ばしてきたのです。幸い、父の店はいまも続いています。

日本におけるスペシャルティコーヒー黎明《れいめい》期。無謀な挑戦は、父だけのものではありません。1990年代頃にただ「美味しいコーヒーを提供するのだ」という情熱で、ハードな世界を切り拓《ひら》いてきた人たちがたくさんいるのです。

ひとりではできなかった挑戦も、仲間がいれば可能になります。

父のコーヒーショップは、個人店の仲間たちとグループを組み、共同で買い付けることでなんとか仕入れを実現していました。逆に言うと、父のような個人店が全国に多数あったことが、現在にまで続く日本のスペシャルティコーヒー文化の源流になっているのです。彼らの情熱があったからこそ、いまのコーヒー業界があると言っても過言ではないでしょう。

ただ、いくら情熱と仲間があっても、リスクはリスクです。「今後、日本では高品質なコーヒーが受け入れられるはず、マーケットが変わるはず」と信じ、日本のダイレクトトレードを進めた先人たちに対しては尊敬の念に堪えません。

世界で感じる日本製への信頼と日本的美意識

年間200日以上を海外で過ごし、現地の人々と仕事をしていると「世界から見た日本」を意識する機会が少なからずあります。

「メイド・イン・ジャパン」はとても信頼されていることを実感します。品質に対する努力が素晴らしいという評価を受けています。日本の自動車や電化製品はいまだに人気がありますし、日本製は高品質で安心だと思われています。

さらに芸術性も高いという認識があります。日本独特の伝統工芸や茶道の文化、ミニマリスティックなものや「わびさび」を美しいとする感性、また、あらゆるものに通底する禅の精神は尊敬を集めています。

考えてみれば、修学旅行で高校生が歴史ある神社仏閣や石庭を見て「これ超エモい！」

などと喜んでいるのはおもしろいことです。「床がこんなに黒くなってボロボロの建物の何がいいのかな?」「石があるだけの狭い庭が、なぜそんなにいいのかな?」と思ってもおかしくありません。でも、こういった美しさに感動できるのは日本人の感性であり、これがあるから世界からの信頼を得られるのです。大切にしていきたいものだと思います。

私が海外での仕事やカンファレンスに呼ばれる大きな理由に、「日本人だから」ということがあるのは、ひしひしと実感しています。率直に言えば、先人たちが作り上げた「真面目」や「丁寧」といったステレオタイプのおかげで、私の仕事への評価にもバイアスがかかっているということです。

一方で、これほどいい面があるのに、なぜ世界に出ていかないのかという疑問があります。

日本の多くの企業や個人は、世界を相手にビジネスを展開していこうという考えがあまりないように見えます。コロナ禍の影響も大きかったとは思いますが、このままではもったいない。インバウンド狙いも、もっと意識していくべきです。

なぜ、日本は世界に進出できないのかには、大きな理由があります。

一般的に、日本人は「商品」は得意でも、「商売」は苦手です。商品の品質を追求する職人性・誠実性はありながら、商売として成り立たせるという経営的観点が欠けがちです。結果として、いい商品であっても、広告宣伝がうまくいかなかったり、価格設定に弱気になってしまったりといった失敗が起きてしまいます。

その最たる例が飲食業界です。

日本は世界一の飲食文化を持っていると私は信じています。事実、日本の素晴らしいサービス、食のクオリティを求めて世界中から観光客が集まっています。いまこそ、高付加価値型のビジネスに舵を切り、適切な値付けを習慣化する絶好のチャンスではないでしょうか。

できるビジネスパーソンのコーヒーライフ

本章の最後に、教養あるビジネスパーソンのコーヒーライフについてのティップスを紹介しておきたいと思います。

目覚めの一杯から夜のデカフェまで

コーヒーに含まれるカフェインは頭をスッキリさせ、やる気を起こします。朝食と一緒にコーヒーを楽しむ人は多いでしょう。

目覚めの一杯としてコーヒーを飲む場合に注意したいのは、胃が空っぽの状態だとカフェインは胃に負担がかかるということです。人によっては胃もたれのような感覚が生じ、腹痛につながることがあります。忙しい朝、出がけにコーヒーだけを買って目覚ましにするのはおすすめしません。手軽なパンなど、朝ごはんは欠かさずに。

また、朝に集中力を高めたい人は、丁寧にドリップコーヒーを淹れてみてはどうでしょうか。朝の瞑想《めいそう》が精神の安定と集中力アップをかなえてくれるように、ドリップの作業が心を落ち着けてその日一日の集中力を高めてくれるはずです。初めは面倒かもしれませんが、習慣化すれば早起きや余裕を持った出発にもつながります。

そして日中は、仕事に集中したいときや一息入れたいときに、上手にコーヒーを使いたいですね。会議や商談などビジネスのコミュニケーションも、美味しいコーヒーがあるとスムーズにいくのではないでしょうか。

夕方から夜に飲むコーヒーは、やはりデカフェがおすすめです。忙しい人は、夜もコーヒーを飲んで頑張ろうと思うかもしれませんが、睡眠の質が下がると疲れが溜《た》まってしまいます。私も夕方以降に飲むコーヒーをデカフェに変えてから、朝の寝起きが格段によくなりました。さわやかにパッと起きられるのです。本当に違うんだなと実感しています。

カフェインの分解能力は人によって違いますから、全然平気な人もいるでしょう。しかし、寝ても疲れがとれない、寝起きがよくないという人は、夜のコーヒーをデカフェに変えてみてください。いまは美味しいデカフェも出始めていますし、「コーヒーを淹れる」こと自体に心を落ち着ける効果があります。

自分好みのコーヒーを知る

好みのコーヒーを知っていると、豆を購入する際も、カフェで飲む場合もスムーズですね。ただ、「好みがなかなか見つけられない」「いつも同じになってしまうが、本当はもっと好きなコーヒーがあるかもしれない」という人は多いです。

お話ししたとおり、コーヒーの味わいを決める要素はたくさんあり、すべてのコントロールはプロでも難しいですが、大きく分ければ、生豆の質、焙煎、抽出の仕方です。

生豆の質については、産地や品種、標高などが手がかりになります。価格が高い豆が美味しいとは限りませんが、COE受賞豆などは試してみてもいいかもしれません。フレーバーなどの特徴がメニューやパッケージに記載されているはずですので、好みだと感じたらその特徴を覚えておくといいでしょう。

品種が同じでも、焙煎によって味わいは大きく変わります。

酸味が好きな人は「浅煎り」、苦みが好きな人は「深煎り」を。「中煎り」は両者の中間であり、バランスがよくなります。ただ、店によって尺度が違うのでご注意を。困ったらとりあえず、中煎り、ですかね。あるいは店員に直接訊くのが早いでしょう。

抽出の仕方は、日本ではペーパードリップがもっともポピュラーです。ペーパードリップであれば、簡単にでも体験したことがある人は多いのではないでしょうか。お湯の注ぎ方など、自分好みの味を細かに調節できるのもドリップ式の利点です。そこから、フレンチプレスやマキネッタに発展していけばおもしろいですね。

コーヒーに限ったことではありませんが、自分の好みを知ることは、自分らしさを知るきっかけのひとつです。ぜひ、いろいろ試しながら好みのコーヒーを見つけてください。さまざまなバリエーションを検討できるのが、コーヒーを魅力あふれる趣味にしています。

TPOに合わせてコーヒーを楽しむ

好みのコーヒーを見つけても、常にそれを選ぶのではなく、シーンに合わせて選ぶことができるとさらに素敵です。それこそが、ビジネスエリートのマナーでしょう。

たとえば、フードペアリング。

コーヒーと一緒に食べるものとの相性で選びます。コーヒーとフードそれぞれの風味を確認し、コーヒーを一口飲んでからフードを食べる。フードの余韻が口に残っているうちにまたコーヒーを口に含む。すると、お互いに美味しさが引き立つ組み合わせが見つかります。

浅煎りから中煎りのフルーティーな酸味があるコーヒーは、フルーツタルトやクッキーなどがよく合います。深煎りやエスプレッソでしっかりした苦み、コクのあるコーヒーはチョコレートや濃厚なスイーツとの相性がいいです。ミルクを入れたカプチーノ、カフェラテは、バターを使ったクロワッサンなどと相性ぴったり。

パンやスイーツ以外にも、和菓子やハンバーガーなどとのペアリングをぜひ楽しんでみてください。

また、シーンに合わせて淹れ方・飲み方も工夫できるといいですね。

休日の朝に飲むときは、自分で豆を挽いてペーパードリップで精神統一。オフィスでは簡単に楽しめるドリップパックやインスタントコーヒー。休日に家族でまとめて飲むときは、フレンチプレス。人を招いたときは、豆とカップにこだわって見た目にも楽しんでみましょう。

忙しいときのドリップバッグやインスタントコーヒーですが、いまはスペシャルティコーヒーのものも出ており、手軽に高品質なコーヒーが楽しめるのはいいことです。

実は**コーヒーバッグがおすすめな場面は、アウトドア**です。

コーヒーバッグは**飽和状態になってからは成分がなかなか溶け出さないので、しばらく浸けておいてもエグ味が出にくく、とても便利**です。山やキャンプ場などアウトドアで手軽に美味しいコーヒーを飲みたいとき、このコーヒーバッグを使って淹れてみてはどうでしょうか。

好みがはっきりしており普段は本格派の人も、シーンに合わせてさまざまなコーヒーを楽しめると、コーヒーライフはより豊かに広がることでしょう。

おわりに　コーヒーの未来

2050年、コーヒーが飲めなくなる!?

コーヒーの未来について語るなら、避けて通れないのが「コーヒーの2050年問題」です。気候変動によって、アラビカ種の栽培に適した農作地が2050年には半分に減少すると予測されており、「コーヒーが飲めなくなるかもしれない……」と深刻視されているのです。

初めてこの問題提起がされたのは2015年のミラノ万博でのこと。このまま地球温暖化が進めば、栽培時の平均気温が上がって降雨のパターンが変化し、収量が減るとともに品質も低下すると言われています。

本書でもお話ししたとおり、コーヒーは気候の影響を非常に受けやすい作物です。とくにアラビカ種は、栽培に適した土地が限定されます。コーヒーベルトの中でも標高が高く、寒暖の差が大きいところでないと栽培に適しません。平均気温は年間通して20～25℃が適しており、暑すぎると病害のリスクが高まり、寒すぎても霜のリスクが高まります。適度な降雨量も必要で、干ばつが起こると収量が低下します。

実は私も、コーヒーの質が少しずつ変化していることを感じています。これは感覚的なものなのですが、長年コーヒー業界にいるテイスターの方たちと話すと誰もが同じような感覚を持っています。

「昔ほど素晴らしい酸味を持ったコーヒーが少なくなってきている」

そんな感想をよく聞きます。良質な酸味を含め、複雑な味わいや香味は、寒暖差がある土地でコーヒーノキが適度なストレスを受けながらじっくりと育っていくことで生まれると考えられています。ここ2〜3年ではあまり差は感じなくても、10年前と比べると味わいに多少なりとも変化があると言う人が一定数います。

生産者たちからは「昔はよい豆が採れていた区画で、採れなくなってきている」という話も聞きます。地球温暖化の影響は実際に起きているのでしょうか。最近は生産処理方法など発酵分野において技術革新が進んでいますが、裏を返せば「テロワールだけでは品質を担保することが難しくなってきている」という一面もあるのかもしれません。

これまでと同じ品種を同じように手をかけて栽培しても、収量が減り、品質も下がり、その結果として買取価格が下降すれば、栽培から撤退する生産者は増えることでしょう。

生産者が減れば、当然ながら世界に流通するコーヒーも減ります。「コーヒーが飲めなくなる」というのも、あながち「誇大表現」とは言い切れないかもしれません。

コーヒーをなくさない努力

とはいえ、私は正直さほど悲観的にはなっていません。コーヒーの種にはカネフォラ種、リベリカ種、また交配品種も存在し、ワールド・コーヒー・リサーチ（WCR）に代表される国際機関が、気候変動に耐えうる良質な品種の開発を積極的に行っています。

歴史を振り返れば、「人類はなんとかしてコーヒーを飲むはずだ」という確信もあります。歴史上、政策や国際情勢によりコーヒー不足に陥った国では、それを不満に思う人たちが必ずコーヒーを取り戻してきました。フランス史上もっとも有名な英雄ナポレオンの失脚に少なからず影響を与えたのも「大陸封鎖令」の影響で国民にコーヒーを飲めない不満があったからだと言われているくらいです。

ちなみに「大陸封鎖令」でヨーロッパをコーヒー不足にしたナポレオンですが、本人はコーヒーが大好きだったと言われています。失脚してセントヘレナ島に幽閉され、体調が悪化してコーヒーを止められてからも、どうしてもコーヒーが飲みたいと言って周囲に懇願していたといいます。

また、コーヒー不足に陥ったヨーロッパでは、さかんに代用コーヒーが作られました。しかし、カフェインを含む飲料を簡単に作ることはできません。そんなわけでナポレオン失脚後、ヨーロッパにコーヒーが戻ってきて大ブームになったことはすでにお話ししたとおりです。

時代は進んで、2050年問題では世界的なコーヒー不足が懸念されるわけですが、現代ではさまざまな技術が研究・開発されています。品種改良の研究も進んでいますし、新たな種を見つけるための努力も行われています。知り合いの科学者には、「コーヒーをなくしたくないという意志さえあれば、なんとかなるだろう」と言う人もいます。

だからと言って、2050年問題を軽く考えるということではなく、起こるべき未来としてとらえ、コーヒーをなくさない努力を根気強く続ける必要があるのだと思います。

ただやはり、良質なコーヒーはこれまでのように「安く気軽に手に入るもの」ではなくなるかもしれません。コモディティコーヒーの世界でも努力は続くはずなので、低価格で高品質なコーヒーもなくなることはないと思いますが、いまほど手軽に手に入ることはないでしょう。

人生観を変えるほどの素晴らしい品質のコーヒーを楽しみたいのであれば、相応の金額を支払うことが必要になるはずです。日本はスペシャルティコーヒーがもっとも浸透している国のひとつです。コモディティコーヒーの製品レベルも世界トップクラスで、消費者がスペシャルティコーヒーに触れる機会も数多くあります。美味しいコーヒーにお金をかけることに対し抵抗感のない人が少なくありません。

日本スペシャルティコーヒー協会の調査によると、日本のスペシャルティコーヒーの生豆輸入量における シェアは約11%だそうです。

日本はオークションで世界最高価格で落札されたコーヒーや、世界中の品評会で入賞した豆を数多く輸入しています。海外のマーケットでは売れないような高価な豆を販売している日本は、視察に来た外国人によく驚かれるほどです。美味しいコーヒーを気軽に飲むことができる土壌ができたのも、熱意を持って奮闘してくれた先人たちのおかげであることは間違いありません。


だからこそ、これからの時代に求められるのは、「よいものに適切な付加価値をつけて売る努力」だと思っています。良質なコーヒーは今後収量が下がり、価格も上昇するかもしれません。だからこそバリスタは、高品質な原材料を素晴らしい技術、接客、空間演出を持って美しく提供する努力をしなければいけないと思っています。

既存の薄利を重ねるビジネスモデルではなく、いかに素晴らしい顧客体験を想像できるのか、という観点に立ってビジネスモデルを構築する必要があると考えています。その姿勢が、本質的なサステナビリティに直結すると信じています。

コーヒーで世界平和を

あらためて、なぜ人類はコーヒーを飲むのか。本書を通して見てきたように、それはコーヒーが果たす役割とはまさに「精神の解放」にあり、「よりよく生きたい」と願う人間の根源的な欲求に作用しているからではないでしょうか。コーヒーを飲めば「ホッとする」この感情は、世界共通です。

たった一杯のコーヒーで、人種も、言葉も、肌の色も、国籍も異なる人々と理屈なしでつながることができる。こんな素晴らしい飲み物はコーヒーだけではないでしょうか。そこに政治、宗教、文化の違いもありません。コーヒーには「違い」を乗り越えて、人々をつなげるとても強い力があります。

コーヒーから生まれる何気ない幸せの連鎖を世界中で育むことができれば、世界平和が達成できると、私は本気で信じています。私の会社ＱＡＨＷＡでは、そんな願いを込めて、「Brew Peace」をビジョンに掲げて活動しています。

素敵なコーヒーブレイクをプロデュースし、「ホッと一息つく」ことで得られる、小さな幸せの輪の連鎖の先に、優しい社会の実現があると思っています。それが私の目指す未来であり、私がコーヒーに携わる理由なのです。

人類がこのうえなく愛する「コーヒー」という神からの贈り物を、未来永劫《えいごう》なくさずに、持続可能なものにするために私たちがまずできることは、なぜコーヒーが長きにわたり愛されてきたのか、そのロマンに思いを馳せることです。

本書があなたがコーヒーについて考えるきっかけになり、より素敵なコーヒーライフを歩むお手伝いができれば幸いです。

コーヒーとともに、豊かな人生をお過ごしください。

２０２３年２月　井崎英典

本書はまだまだ続きます。

とくにコーヒー初心者の方に向けた、コーヒーの嗜み方の第一歩を、次のページからの付章にまとめました。

付章

コーヒーの嗜み、まずはここから

「教養としてのコーヒー」の講義は終わりましたが、最後にはやはり実践編を。自宅でコーヒーを淹れる際、これだけはというポイントをお伝えします。

最初に必要な道具はこれだけ

考えてみればコーヒーを淹れるために必要な材料はコーヒー豆と水のみです。コーヒーは世界中で愛される嗜好品ながら、とてもシンプルな飲み物です。シンプルで深いからこそ、長く愛されてきたのでしょう。

では、その2つの材料をどう混ぜ合わせれば美味しいコーヒーになるのか？　それは「最適な比率で効率よく混ぜる」ことです。まずは基本の「ペーパードリップ」で美味しいコーヒーを楽しみましょう。

コーヒーの成分をお湯に移行させることを「抽出」といいますが、抽出するために必要な器具は次の6つです。

1．ドリッパー

左から台形型（陶器）、ウェーブ型（金属）、円錐型（プラスチック）。それぞれに対応するペーパーフィルターがある。ウェーブ型はドリッパーがウェーブしているわけではなく、むしろ溝がない。フィルターが波形になっていることからウェーブ型と呼ばれる。台形はしっかりした味わい、円錐はスッキリした味わいになる。ウェーブ型はその中間といったところ。

2. ペーパーフィルター
3. スケール&計量スプーン
4. ドリップケトル
5. サーバー
6. グラインダー（ミル）

このうち、まず揃えたいのは「ドリッパー」「ペーパーフィルター」「スケール&計量スプーン」の3つ。まずはこの3つを揃えて、自宅で美味しいコーヒーを楽しんでみてください。

ドリッパーは滞留時間で味を変える

ドリッパーは、コーヒーの粉を入れたフィルターを固定する器具です。

ORIGAMIはウェーブ型、円錐型いずれのフィルターにも対応できる。

大きく「台形型」「ウェーブ型」「円錐《えんすい》型」の3種類に分けられます。形状や大きさ、穴の数、溝（リブ）の有無によって味わいが変わります。ドリッパー内にお湯が滞留する時間が長くなったり短くなったりすることで流速が変わり、その結果コーヒーの味わいが変化するのです。流速が速いほどコーヒーの味わいはサッパリと仕上がり、流速が遅いほど濃度感が高い仕上がりになります。

また、ドリッパーの素材によく使われるのはプラスチック、陶器、ガラス、金属です。素材によって耐久性や熱伝導率が変わります。

昔馴染みのイメージで陶磁器が本格派のイメージもあるかもしれませんが、世界のバリスタにも愛用され、抽出の出来を左右する温度が安定しやすいのはプラスチック。割れにくく安価なのでおすすめです。とはいえ、まずは細かな違いを考えずに、見た目や使い勝手など好みのものを選べばOKです。慣れてきたら、ドリッパーを変えて味の違いを比べてみてください。

自分好みのものを選べるといえば、日本のバリスタと陶器メーカーが開発した「ORIGAMI」もおすすめ。名前の由来のとおり、折り紙のようにギザギザになった愛らしい形で、カラーバリエーションも豊富です。しかも見かけ倒しではなく、各大会で使用実績も重ねているように、バリスタの細かな抽出技術に応えてくれるドリッパーです。

ペーパーフィルターは白いものを

コーヒーの粉を漉すのに使う紙製のフィルター。漂白タイプ（白）と無漂白タイプ（茶）があります。おすすめは、紙のにおいが少ない漂白タイプです。コーヒーへのにおい移りがおさえられます。

ドリッパー同様に台形や円錐形などさまざまな形状があるので、ドリッパーの形状に合わせて選んでください。

スケールが計量スプーンより優れる理由

豆の重さとお湯の重さは正確に量りましょう。美味しいコーヒーを再現性高く抽出するには、分量を正確に量ることが大切です。

おすすめは、計量スプーンではなく、スケールです。計量スプーンではコーヒーの体積を基準にしますが、コーヒー豆は焙煎度合いによって重さが変わります。つまり、計量スプーンの容積で量った場合、正確なグラム数は豆によって大きくばらつきが出るのです。

より再現性高く美味しいコーヒーを狙うなら、デジタルスケールをおすすめします。さらにコーヒー専用のコーヒースケールがあれば、重さも時間も同時に計測できて便利です。

コーヒースケールは、重量計（写真右の数字）とタイマー（写真左の数字）が一緒になった優れもの。ハンドドリップでは、どれだけのお湯をどれだけの時間をかけて注ぐかが重要になる。

次のステップとして揃えたいのは「ドリップケトル」と

「サーバー」です。お湯を注ぐだけなら電気ケトルやヤカンでもいいのですが、コーヒー専用のドリップケトルがあると注ぎ方を調整しやすく便利です。また、一度に何杯かを淹れるにはサーバーが必要になるでしょう。

●●●ドリップケトルとサーバー

お湯を沸かし、ドリッパーへお湯を注ぐケトル。家庭で淹れるなら電気ケトルでも充分ですが、コーヒー専用のドリップケトルもあります。ドリップケトルであれば、細い注ぎ口から丁寧にお湯を落とすことができます。このほうが、狙った位置に、狙った量のお湯を落とすことができるのです。勢い余ってドバっと注いでしまう心配もありませんね。ホーロー製などデザインが素敵なケトルも多数市販されているので、好みのものを見つけてみてはいかがでしょうか。

ドリッパーから抽出されたコーヒーを受け止めるコーヒーサーバーには、ガラス製のほかステンレス、プラスチック、陶器製などがあります。これもドリッパー同様、結局は好みに合って使いやすいものを選ぶといいでしょう。ドリッパーとセットになっているものも多いですね。

一度に2杯以上淹れる場合は、必ずコーヒーサーバーを使ってください。マグカップにドリッパーをセットしてまず1杯、そのままドリッパーを別のマグカップに移してもう1杯とするのは、当然2杯の味にばらつきが出るのでやめておきましょう。

グラインダーで味はぐっと変わる

ここまでに紹介した5点セットでは、粉の状態でコーヒーを買わないと淹れることはできません。やはりコーヒーを嗜むのであれば、豆から挽きたいですね。コーヒーは挽きたてが一番美味しいので、粉を買うのと豆を買うのでは品質が大きく違います。それでも挽くのが面倒な場合は、粉のパッケージを買うのではなく、豆を買うときにお店で挽いてもらうといいでしょう。

豆を挽くならグラインダーが必要ですが、このグラインダー次第でコーヒーの味わいは劇的に変わります。というのも、グラインダーによって挽かれた豆の粒度は、大きい粒があったり小さい粒があったりと均一ではありません。この粒度のばらつきが少ないほど、適正に抽出することができます。コーヒーの味わいがよくなるのです。

コマンダンテ社の手動グラインダー。

キッチンのインテリアとしても映えるカリタのNEXT G2。

SVART Aroma。製造するウィルファ社は家電メーカー。

つまり、狙ったとおりの粒の大きさで、なるべく均一に挽くことができるのが優秀なグラインダーです。喫茶店で飲むような美味しいコーヒーを淹れたいと思ったら、よいグラインダーに投資をするのが一番の近道です。

手動タイプでおすすめなのは、ドイツのコマンダンテ社のもの。

電動タイプでは、カリタの「NEXT G2」、ノルウェーのウィルファ社の「SVART Aroma」です。ただし、どれも結構な値段がします。まずは手頃な値段のグラインダーを使ってみて、徐々によいものに替えて味の違いを実感するのがよいでしょう。

ドリップコーヒーの淹れ方

さて器具が揃ったら、いよいよコーヒーを淹れる時間です。ここでは、私が考える基本的なレシピを紹介します。もちろん、これだけが正解とは限りません。読者の皆さんには私のレシピを参考にしていただきつつ、自分なりの「美味しい」を求めてここからさらに発展させていくことを期待します。

ちなみに私のなかでも常にアップデートがあり、以前の著書で紹介したレシピとも細部が多少変わっています。また、本書に載せるにあたって簡略化して「最低限」の要点だけを伝えています。

①計量&湯沸かし

お湯と豆の比率は、**お湯100gに対して豆6〜8gが目安**です。また、1杯はお湯150gが目安です。たとえば、2人分のコーヒーを淹れるためには、お湯300gと豆20gを準備します。

初心者でも、お湯と豆を正しく量れば大きく失敗することはありません。必ずスケールを使って正確に量りましょう。

お湯はサーバーやドリッパーを温める分も必要なので、300gより少し多めに沸かしておきます。最初は温度にあまりこだわる必要はないとは思いますが、こだわるのであれば98℃前後がよいでしょう。

②豆を挽く

量った豆をグラインダーで挽きます。「微粉」と呼ばれる、非常に細かい粒が多いとエグ味が出て後味が悪くなります。高品質なグラインダーは微粉が出にくいのですが、そうでない場合は茶こしを使って微粉を取り除くことをおすすめします。

「細挽き」から「粗挽き」まで、グラインダーは挽き方を調整できるようになっていますが、グラインダーごとにも尺度が異なり、また豆との相性もあります。まずはあまり意識せずに挽いてしまい、次回の反省材料にするのがよいでしょう。コーヒーは仮説と検証を繰り返す科学実験に近しいと心得てください。

挽き目が適切だったかどうかは、この後の手順で判明するので安心してください。

余分なお湯を注ぎ、軽く振るようにしてサーバーを温めておく。

③器具の下準備

せっかくお湯を狙った温度にしておいても、肝心の器具が冷たければ、熱を奪われ、コーヒーを適切な温度で楽しむことができません。お湯が沸いたら、余分に沸かしていた分でサーバーを温めましょう。

ドリッパーのほうは、温めても温めなくてもほぼ変わりがないというのが実情です。現在主流のプラスチック製であればなおさらです。陶器製であれば、やはりサーバー同様に温めておいたほうがいいでしょう。

サーバーのお湯を切り、スケール、サーバー、ドリッパ

ペーパーフィルターの設置

折り目とその反対側の線に沿って指をグッと押し込むとペーターフィルターをドリッパーに密着させてセットできる。

ーの順に載せていき、ドリッパーにペーパーフィルターをセットします。

ここで注意点。**ペーパーフィルターのセットですが、必ずドリッパーに密着させてください。**人指し指をうまく使って押し込んで、フィルターに折り目をつけましょう。

④粉を入れる

サーバー、ドリッパー、フィルターのセットが完了したら、挽いた粉をフィルターの上に入れていきましょう。

コーヒー抽出は、とにかくすべての粉に均一にお湯を通していくことが重要です。粉が山なりにならないよう、ドリッパーを揺すったりして平らにしてください。

また、均一にお湯を通すために厄介なのが、いわゆ

ザ・コームを使い、ダマを潰す様子。

る「ダマ」の存在です。粉が部分的に固まっていることで、お湯を浸透させたときにお湯が通るところと通らないところの差が出てしまいます。

ダマを解消するために最近登場したのが、「ザ・コーム」（櫛《くし》という意味）と名のついた器具です。その名のとおり、まさに粉を「櫛のように梳《と》かす」ことでダマを潰すための器具になります。フィルターをセットしたドリッパーに粉を入れたあと、このザ・コームで粉を攪拌するのです。

ただし、ザ・コームなんて持ち合わせていないという人がほとんどでしょう。裁縫用の針やつまようじで代用できます。粉をグラインダーからフィルターに移した後、針やつまようじで粉を上からつんつんとつついてダマを解消しましょう。

⑤抽出：蒸らし

さあ、これでようやく準備ができました。

ここからが、ドリップの本番ともいえる、お湯を注ぐ抽出作業です。コーヒースケールの重量計をリセット、タイマーを開始して、お湯の量と注ぎ時間を正確に測っていきます。**お湯は3投に分けて注いでいきます。1投目が蒸らし、2投目と3投目が本抽出**です。

1投目は蒸らすのが目的なので、使うお湯の量は全体の20%です。全体が300gなら60gをゆっくり注ぎます。スピードの目安は秒速3～4mLです。5cmほどの高さから、中心から外側へ渦を巻くように、まんべんなく注いでください。

1投目を注ぎ終えたら、ドリッパーを3回ほど揺することを忘れないように。

注ぎ終わった直後、大事なポイントがあります。**ドリッパーを、円を描くように3回ほど揺すります。**サーバーごと手で押さえて揺すってしまいましょう。少々荒業のように思えるこの手順が入ることで、お湯がまんべんなく即座に混ざるのです。

⑥抽出：本抽出

抽出開始時点（1投目を入れ始めたタイミング）から1分経過後に、2投目開始です。**2投目もお湯の量は20%。**1投目より速い、秒速5～7mLのスピードが

蒸らしや揺らしを怠ると……

✕

○

抽出完了後のドリッパーに残るコーヒー粉の比較。左の場合は粉がダマとして側面に残り、底がえぐられるような土手状になってしまっている。適切に抽出が行われた場合は、側面に大きなダマは残らず、また底面も平坦になる。

目安です。**残った60％は3投目**です。抽出開始時点から2分経過後（つまり1投目も2投目も注ぎ始めてからお湯が落ちきるまでの所要時間は1分）に2投目と同じ速度で注ぎ始めてください。

3投目でも1投目同様に、注ぎ終わった際ドリッパーを3回ほど揺すってください。これは、側面に粉が張りつくのを防ぐためです。粉が取り残されるなどしてまんべんなく抽出できないと、せっかく豆を計量した意味がありませんし、均一な味を生み出せません。

やがてお湯が落ちたら抽出完了、ドリップコーヒーの出来上がりです。サーバーからカップへとコーヒーを注いで楽しみましょう。

3投目のお湯がサーバーに落ちきるのは、抽出開始

後4分が目安です。それよりも早いと、コーヒーの挽き目が粗く、お湯がすぐに流れていってしまったということです。ほかの条件は同じまま、挽き目をより細く調整することをおすすめします。逆に4分経ってもお湯が落ちきらない場合は、挽き目が細すぎると思われるので、次回はもう少し粗く挽いてみましょう。

さて、ここまでお伝えしたドリップの手順は、次のページに簡潔にまとめました。コピーしたり、スマホで写真を撮ったりしてぜひご活用ください。

豆選びに迷ったときのたったひとつの極意

さて、美味しいコーヒーを抽出するには、素材選びも重要です。

いかに道具が素晴らしくても、素材であるコーヒー豆の質がよくなければ、その品質以上のものを抽出することはできません。

では、どんな豆が、優れた豆と呼べるのか？

最初は選ぶのが難しいと思います。

初心者でも外さない**豆選びの極意があるとしたら、それは「情報量の多さ」**です。品種名、

美味しいドリップコーヒーの淹れ方

計量	1杯あたりお湯150g、豆9～12g ＋サーバー保温用のお湯を準備

▼

豆を挽く	前回は思ったよりお湯が早く落ちてしまった →細挽きに調整 前回はお湯がなかなか落ちなかった →粗挽きに調整

▼

セッティング	①サーバーをお湯で温める ②スケールの上にサーバー、ドリッパーを設置 ③フィルターはドリッパーに密着させる ④粉を入れダマをとる→揺すって平坦に

▼

スケールの重量計をリセット＋タイマー開始

抽出	0:00	1投目（蒸らし）	お湯20%を注ぐ→3回揺する
	1:00	2投目	お湯20%を注ぐ
	2:00	3投目	お湯60%を注ぐ→3回揺する
	4:00	完成!!	

農園名、生産処理方法など、情報がパッケージや、ホームページ、POPなどに多く載っているということは、透明性の高い取引のもと買い付けられたブランド性の高い豆であると考えられます。またそもそも、いいコーヒーであるほど伝えたい情報が多いはずです。

前提として、コーヒー豆も食品ですので、販売する際のパッケージには次の情報を明記しなければいけないことになっています。

1. 名称（品名）
2. 原材料名
3. 内容量
4. 賞味期限
5. 保存方法
6. 使用方法
7. 原産国名
8. 事業者の氏名（名称）・住所

これらは明記が必須の事項なので、もしパッケージの記載がこれだけなら、情報量が多いとは言えません。

また、これらの必須項目のうち、とくにチェックしたいのは賞味期限です。コーヒーは生鮮食品であり、鮮度が重要です。時間が経てば経つほど、味わいや香りが変化します。賞味期限の近いものはおすすめできません。

表示の義務はありませんが、「焙煎日」があればそれもチェックしてください。焙煎日から数か月経っているものは飲み頃を過ぎています。コーヒーの飲み頃は、焙煎方法や保存方法にもよりますが、豆で購入して常温保存した場合は、焙煎後1か月程度までです。本当にこだわる場合は焙煎後2週間まで。粉で買う場合はもっと短くなります。

本書をここまで読まれた方はすでにお気づきかもしれませんが、実はこの8項目以外にも明示された情報が豊富な商品は、すなわちスペシャルティコーヒーの可能性が高いです。消費者への開示情報を増やし、トレーサビリティを高めるのがスペシャルティコーヒーの姿勢です。

スペシャルティコーヒーが何であるかがよくわかっていなくても、パッケージの情報が詳しいものを選んでいれば、自然とそれはスペシャルティコーヒー。つまり上質な豆です。

●●● コーヒー豆・粉の保存方法

何度も言いますが、コーヒーは生鮮食品。美味しいコーヒーを飲むには鮮度が命です。もっとも美味しい「飲み頃」は、焙煎後1週間経過してからの1週間（焙煎後2週目）です。焙煎直後がピークではないというのが注意点であり、おもしろいところです。

焙煎直後は二酸化炭素が多いので、1週間ほど豆を寝かせたほうが炭酸が抜けて、コーヒー本来の成分を抽出しやすくなります。焙煎後2週間以上経つと、香りや風味が落ちたり、酸化してイヤな酸っぱさが出てきたりします。保存状態が悪いと品質はどんどん劣化してしまうのです。

豆を購入するときは、「なるべく鮮度が高く、1〜2週間で飲みきれる量をこまめに」が一番です。とはいえ、気になる豆を試してみたりするうちに、飲みきれない在庫も出てくることでしょう。なるべく鮮度を保って保存したいところです。

豆の品質劣化の主な原因となるのは「酸素」「光」「熱」です。

ガラスやセラミックなどでできたコーヒー豆容器、キャニスターに移して保存する人もいるかもしれませんが、実はあまりよい環境とは言えません。キャニスター内の酸素を抜くのは難しいうえ、たとえ密閉性が高いものでも購入時の袋から容器へ移す際にどうしても酸素に触れてしまうからです。ガラス製であれば光にも当たってしまいます。

おしゃれなカフェやコーヒーショップでは、キャニスターなどであえて豆を見せていることもあります。焙煎前であれば品質劣化の心配も格段に少ないので大丈夫です。焙煎後だとしても販売の回転が速ければ問題も少ないのです。

あるいは、豆の鮮度に気を使っていない店という可能性も残念ながらないわけではありません。「カフェでコーヒーを頼んだら、カウンターに野ざらしのキャニスターからコーヒー豆を取り出した」なんてことがもしあれば、次からはお店を変えることをおすすめします。

少し話が逸れましたが、家庭で豆を保存するなら、酸素、光、熱からなるべく遠ざけるために、購入時のパッケージのまま冷凍庫で保管することをおすすめします。豆を使う際は、解凍することなく凍ったままグラインダーで挽いて問題ありません。

粉の場合は表面積が増えるため、劣化が早くなります。これはどうしようもありません。開封したら1週間以内に飲み切りましょう。

●●● コーヒーは水で変わる

本章の冒頭でもチラッと書きましたが、よく考えれば、コーヒーの材料は2つしかありません。

コーヒー豆と水、です。つまり豆にこだわるのと同時に、水にもこだわるのが重要です。ただ、日本の皆さんは安心してください。日本国内の水道水はコーヒーとの相性はいいので、最初は水道水で全然かまいません。ただ、カルキ臭は否めませんので、浄水器を通したうえ、煮沸するのをおすすめします。

もっと美味しく淹れたいと思ったら、ミネラルウォーターを検討してください。

第4章でもお伝えしましたが、水に含まれる「カルシウム」「マグネシウム」はコーヒーの抽出に重要なミネラルです。カルシウムは主に質感を引き出し、マグネシウムは主に酸味（フルーティーさ）を引き出すことがわかっています。

また、「炭酸塩硬度」と呼ばれる指標がちょうどよいと、コーヒーの味わいがバランスよくまとまります。炭酸塩硬度とは、簡単に言うとミネラルの濃度です。いわゆる硬水、軟水で分けられる硬度のことと理解してください。

硬度がゼロか限りなくゼロに近い水（蒸留水やRO水）はコーヒーの抽出に向いていません。ミネラルがなければ、コーヒーの味わいが引き出されないのです。かといって、**硬度が高すぎてもよくありません。**ミネラルが多すぎると、コーヒーの成分を引き出すための水中スペースが少なくなってしまうからです。

日本の水道水はミネラルバランスがよく、コーヒーに向くのですが、それでもミネラルウォーターには敵いません。おすすめなのは、1Lあたり約30～50㎎の硬度のミネラルウォーターです。

山国である日本は、質の高いミネラルウォーターにも恵まれています。「サントリー天然水」はもっとも手に入れやすく、コストパフォーマンスのいいミネラルウォーターです。「クリスタルガイザー」はマグネシウム含有量が多めなので酸味やフルーティーさを引き出したいときにおすすめです。

私は以前、別の本で「**コーヒーの98%から99%は水**」と書きました。

コーヒーの材料は2つと先ほどはお伝えしましたが、結局はとくに水なのです。コーヒーにこだわるとどうしても豆や器具にばかり目が行きがちですが、一流店ほど水に気をつけている印象で、味の秘密は水にあったなんてこともあります。

コーヒーを突き詰めるあまり、水に帰ってくる。

取るに足らないと思われているものにこそ気を使う。

これこそが「コーヒー道」の精神ではないでしょうか。

主要参考文献

『世界一美味しいコーヒーの淹れ方』 井崎英典／著　ダイヤモンド社
『理由がわかればもっとおいしい！　コーヒーを楽しむ教科書』 井崎英典／監修　ナツメ社
『世界一のバリスタが書いたコーヒー1年生の本』 井崎英典／著　宝島社
『コーヒーが廻り世界史が廻る』 臼井隆一郎／著　中公新書
『コーヒーと日本人の文化誌』 メリー・ホワイト／著　有泉芙美代／訳　創元社
『コーヒーの真実』 アントニー・ワイルド／著　三角和代／訳　白揚社
『コーヒーの科学』 旦部幸博／著　講談社
『珈琲の世界史』 旦部幸博／著　講談社現代新書
『コーヒー・ハウス』 小林章夫／著　講談社学術文庫
『日本最初の喫茶店』 星田宏司／著　いなほ書房
「Decolonizing the History of Coffee　コーヒーの歴史の脱植民地化」『STANDART』第20号

著者：井崎英典（いざき・ひでのり）

第15代ワールド・バリスタ・チャンピオン
株式会社QAHWA代表取締役社長

高校中退後、父が経営するコーヒー屋「ハニー珈琲」を手伝いながらバリスタに。2012年に史上最年少でジャパン・バリスタ・チャンピオンシップにて優勝し、2連覇を成し遂げた後、2014年のワールド・バリスタ・チャンピオンシップにてアジア人初の世界チャンピオンとなり、以後独立。コーヒーコンサルタントとして年間200日以上を海外でコンサルティングに従事し、Brew Peaceのマニフェストを掲げてグローバルに活動。コーヒー関連機器の研究開発、小規模店から大手チェーンまで幅広く商品開発からマーケティングまで一気通貫したコンサルティングを行う。 日本マクドナルドの「プレミアムローストコーヒー」「プレミアムローストアイスコーヒー」「新生ラテ」の監修、カルビーの「フルグラビッツ」ペアリングコーヒーの開発、中国最大のコーヒーチェーン「luckin coffee」の商品開発や品質管理など。テレビ・雑誌・WEBなどメディア出演多数。著書・監修本に『世界一美味しいコーヒーの淹れ方』（ダイヤモンド社）、『理由がわかればもっとおいしい！コーヒーを楽しむ教科書』（ナツメ社）、『世界一のバリスタが書いた コーヒー1年生の本』（宝島社）など。過去作は累計10万部突破。

世界《せかい》のビジネスエリートは知《し》っている
教養《きょうよう》としてのコーヒー

2023 年 3 月 7 日　初版第 1 刷発行
2023 年 6 月 8 日　初版第 4 刷発行

著　者　井崎英典《いざきひでのり》
発行者　小川 淳
発行所　SB クリエイティブ株式会社
〒106-0032　東京都港区六本木 2-4-5
電話：03-5549-1201（営業部）
装　丁　渡邊民人（TYPEFACE）
本文デザイン　谷関笑子（TYPEFACE）
DTP・図版制作　アーティザンカンパニー株式会社
校　正　有限会社あかえんぴつ
編集協力　小川晶子
編　集　北 堅太（SBクリエイティブ）
印刷・製本　三松堂株式会社

本書をお読みになったご意見・ご感想を
下記 URL、または左記 QR コードよりお寄せください。
https://isbn2.sbcr.jp/17349/

落丁本、乱丁本は小社営業部にてお取り替えいたします。定価はカバーに記載されております。本書の内容に関するご質問等は、小社学芸書籍編集部まで必ず書面にてご連絡いただきますようお願いいたします。

ISBN 978-4-8156-1734-9